SAFICIENTÍSSIMAS
Mulheres
Presbiterianas
crônicas de ânimo e conforto cristão

Editora Appris Ltda.
1.ª Edição - Copyright© 2024 do autor
Direitos de Edição Reservados à Editora Appris Ltda.

Nenhuma parte desta obra poderá ser utilizada indevidamente, sem estar de acordo com a Lei nº 9.610/98. Se incorreções forem encontradas, serão de exclusiva responsabilidade de seus organizadores. Foi realizado o Depósito Legal na Fundação Biblioteca Nacional, de acordo com as Leis nos 10.994, de 14/12/2004, e 12.192, de 14/01/2010.

Catalogação na Fonte
Elaborado por: Dayanne Leal Souza
Bibliotecária CRB 9/2162

M827s
2024

Morais, Amilton Domingues de
　　Saficientíssimas mulheres presbiterianas: crônicas de ânimo e conforto cristão / Amilton Domingues de Morais. – 1. ed. – Curitiba: Appris, 2024.
　　103 p. ; 21 cm.

　　ISBN 978-65-250-7038-4

　　1. Saficientíssimas. 2. Mulheres. 3. Presbiterianas. I. Morais, Amilton Domingues de. II. Título.

CDD – 248.843

Appris editora

Editora e Livraria Appris Ltda.
Av. Manoel Ribas, 2265 – Mercês
Curitiba/PR – CEP: 80810-002
Tel. (41) 3156 - 4731
www.editoraappris.com.br

Printed in Brazil
Impresso no Brasil

Amilton Domingues de Morais

SAFICIENTÍSSIMAS
Mulheres
Presbiterianas
crônicas de ânimo e conforto cristão

Curitiba, PR
2024

FICHA TÉCNICA

EDITORIAL	Augusto Coelho
	Sara C. de Andrade Coelho
COMITÊ EDITORIAL	Angela Cristina Ramos
	Brasil Delmar Zanatta Junior
	Edmeire C. Pereira - UFPR
	Estevão Misael da Silva
	Marli Caetano
CONSULTOR *AD HOC*	Gilcione Freitas
SUPERVISORA EDITORIAL	Renata C. Lopes
PRODUÇÃO EDITORIAL	Daniela Nazário
REVISÃO	Cristiana Leal
DIAGRAMAÇÃO	Amélia Lopes
CAPA	Daniela Baumguertner
REVISÃO DE PROVA	Gabriel Fernandez

In memoriam dedicare

À **Laudelina Bertholde Moraes.** *Desvelo de mãe e saficientíssima. Crucial saudade inspirou várias frases destas devocionárias crônicas do cotidiano cristão.*

A Nivaldo Domingues de Moraes. *Honroso pai que encheu minha vida de valores, encaminhou-me a viver vida cristã plena e de nada reclamar.*

Pais zelosos, que me deram três irmãs: Elzita, Sônia Regina e Rosely.

INTRODUÇÃO

Não pretendo comprometer ninguém com meu lirismo misturado à minha medíocre teologia. Nas minhas narrativas, quase me desmaio em subjetivismos.

O anseio: todos quantos abordem o conteúdo destas crônicas cristãs tenham igual experiência do grande regozijo que vivencio ao observar, no serviço cristão, a desenvoltura da Sociedade Auxiliadora Feminina da Igreja Presbiteriana do Brasil (SAF). Havemos de mutuamente repartir o propósito de Deus para com a Sua igreja na revelação de Seu filho Jesus Cristo e Sua obra.

Cunhei a expressão "saficientíssimas", tamanha a envergadura dessa sociedade de mulheres cristãs. Digo da eficiência da SAF, da competência de seu serviço, da grandiosidade de suas realizações e dos amadurecendos frutos comprovadores do bom serviço que se propaga há mais de 140 anos no Brasil. A contemplar o mapa de serviço cristão e as pontuadas realizações destas mulheres, a expressão "saficientíssima" surge e soa como um brado de admiração e gratidão a Deus por essas presbiterianas da Sociedade Auxiliadora Feminina. Havemos de outras piedosas ações contemplar, gratos.

Este cronicário busca subjetivar o serviço cristão realizado pelas mulheres da SAF, intuindo do provável dia a dia de uma casual e ativa sócia em relação à sua labuta constante com comezinhas coisas da vida nas variadas funções diárias como mulher, mãe, avó, esposa, ou eventual atividade profissional. Vez por outra, estão envoltas a enfrentamentos familiares e sociais que desgastam o cotidiano e eventualmente desajustam o ânimo. No entanto, é certo que há aqueles momentos de alegria e boas expectativas com as esperanças da vida as quais harmonizam os ambientes nos quais a saficientíssima se circunscreve. Embates renascem-se. Nesse sentido, estas crônicas cristãs hão de servir como gotículas na água sorvida em oportunos dias para assim dessedentar o anseio e o entusiasmo pelo serviço feminino relevante no seio da Igreja Presbiteriana do Brasil. Busca-se, em algum grau, transmitir viço ao serviço dessas saficientíssimas mulheres presbiterianas. Espera-se, numa conduta remissiva às crônicas, que possam salutar seus cotidianos de piedosas crentes em Cristo e refulgir no serviço que realizam, esse amoroso auxilio na proclamação e glorificação da Palavra de Cristo em chão brasileiro.

Neste espaço também manifesto gratidão à professora particular Maria de Lourdes Garcia Lima, escrupulosa regrista da ortografia, que muito contribuiu com seus sinais corretivos da escrita.

APRESENTAÇÃO

Vejo, no autor dessas alvissareiras crônicas, um crescente apelo à consolação, ao acolhimento das vivências cotidianas e ao suprimento de todas elas, mediante o carinho de Deus em Sua Palavra, usando-o para lembrá-las da condução[1], do consolo[2] e da cura[3] das enfermidades do físico, da alma e do espírito que só encontrarão Nele. É desejo desse pastor que, em Cristo, essas mulheres saficientíssimas sejam cheias da graça, da paz, da esperança, do poder, da força, do vigor, da luz, do entendimento e da sabedoria, para experienciarem o grande amor por quem foram amadas, sendo constrangidas ao amor fraternal, impulsionando-as a não desistirem de ser a cada dia a melhor versão de si, dentro do propósito a que foram chamadas. Estas afirmações reportam à sua identidade em Cristo e confirmam quem são: filhas amadas, com um relacionamento de intimidade com o Pai, participantes da família da Aliança, com suas famílias, e que frutificam para a glória do Nosso Senhor Jesus Cristo.

Certamente que esse Senhor intercede por elas, colocando à sua disposição a "Bondade e a Misericórdia" como dois batedores, um à direita e outro à esquerda, seguindo-as para que habitem seguras na casa do Pai (Sl 26.3). Ele também ora para que o Espírito Santo injete nas queridas irmãs uma renovada energia e criatividade, uma realização como mulheres que redescobriram a abrangência, a profundidade e a transcendência do seu papel como auxiliadoras idôneas e fiéis.

---

[1] Is 30.21 - "Este é o caminho, andai por ele".
[2] Mt 5.4 - "... os que choram serão abraçados pelo Senhor"
[3] Sl 41.3; 42.11; Lc 1.46-47.

Testemunho na minha rotina o agir de Deus na vida do pastor, irmão, secretário de tão honoráveis mulheres e sinto que ninguém que não tenha sido consolado pode consolar, principalmente com as consolações de Deus, que nos consolam em toda nossa tribulação, para que também possamos consolar.

Maria Estela Domingues de Morais

Esposa, irmã saficientíssima

SUMÁRIO

TÔNICO AOS CABELOS, À PELE, AOS MÚSCULOS, À ALMA 13

CONHECER JESUS CRISTO AMANDO A SUA OBRA 15

SUSSURRANDO ESPERANÇA 17

O QUARTO TRANSFORMADO EM ALTAR SECRETO 19

BELAS E PRÓSPERAS PRESBITERIANAS 22

DEPOSITÁRIA DE UM TESOURO INEXTINGUÍVEL 24

O ALVO QUE EQUILIBRA 26

O SISTEMA ILUMINÁRIO NOS CAMINHOS DESTA VIDA 28

SAUDADES AO LONGO DA VIDA 31

VOLTA! A VIDA É CHEIA DE VOLTAS 34

COMO É BOM TER JESUS NO CORAÇÃO 36

CONSAGRAÇÃO QUE VENCE A DEPRESSÃO 38

TÍMIDO OLHAR SOBRE A SAF 41

MEIO ASSIM, SEI LÁ 44

ESTRANHA MANEIRA DE PENSAR NO CÉU 47

PASSAPORTE CELESTIAL VISTADO A CADA MANHÃ 50

A VERDADE DÓI E DOA 53

ENFRENTANDO A MALIGNIDADE CONTANDO OS DIAS 57

ESTRATÉGIA NO COMBATE À MALIGNIDADE 60

IRRIGATIVA, REVITALIZATIVA 63

O AMOR IMPULSIONA ESPERANÇAS 66

QUE DIA MAGNÍFICO!...70

QUE GARRA!..72

VALENTIA DE UM CORAÇÃO SAFICIENTÍSSIMO.................................75

NO MÍNIMO, TRÊS RAZÕES...78

ERUPÇÃO CRISTÃ FEMININA...84

PISCADELA DE AMOR PRODUZ BOM HUMOR....................................86

VIVER SAFICIENTISSIMAMENTE É VIVER SACRIFICIALMENTE...........89

RUTE: HISTÓRIA PARA EQUILIBRAR EMOÇÕES..................................91

ROMÃS E A SAF..94

SELF-PORTRAIT NO CLIQUE SAFICIENTÍSSIMO..................................96

TARRAFEADORES DA ESPERANÇA...98

UM RETALHO NUMA COLCHA DE ESPERANÇA!............................ 100

EXTEMPORÂNEA CONCLUSÃO.. 102

TÔNICO AOS CABELOS, À PELE, AOS MÚSCULOS, À ALMA

Diz uma porção específica das Escrituras Sagradas de Nosso Deus neste especial momento:

"Não te desamparem a benignidade e a fidelidade; ata-as ao pescoço; escreve-as na tábua do teu coração e acharás graça e boa compreensão diante de Deus e dos homens" (Pv 3.3-4).

A benignidade e a fidelidade transcendem do caráter de Cristo Jesus; tornam-se imanentes nas nossas vidas, lubrificando-as e as amaciando para os relacionamentos a partir de nossa casa e saindo porta a fora, em direção à igreja e à sociedade com a qual convivemos. O Senhor Jesus é a fonte da benignidade e da fidelidade. Dessa fonte jorra um jato delicioso, na temperatura ideal para as estações existenciais, refrescante, relaxante, perfumado e, portanto, convidativo não somente para molhar os pés, as mãos e a nuca, mas também a cabeça e o corpo, e assim experimentar a ação relaxante dessa "Água Viva" não somente nos membros do corpo, mas também na alma.

É isso que pode significar "ata-as ao pescoço; escreve-as na tábua do teu coração". Quanto mais se banha de benignidade, quanto mais se banha de fidelidade, atributos que jorram do caráter de Cristo Jesus e à disposição, mais se achará "graça e boa compreensão diante de Deus e dos homens".

Uma experiência gratificante no serviço cristão é encontrar graça e boa compreensão da parte dos homens, sobretudo porque primeiramente se tem da parte de Deus. Busque-se, pois, diariamente, de manhã ou ao longo do dia, esse amparo que tonifica cabelos, pele, músculos e a alma; assim prosseguir de graça em graça, de compreensão em compreensão, servindo a Deus e vivendo bem neste mundo consigo mesmo e com os outros.

O Senhor Jesus ama você, o Senhor Jesus ama os de sua casa, o Senhor Jesus ama ver o Seu povo cheio de Sua graça e tendo boa compreensão.

CONHECER JESUS CRISTO AMANDO A SUA OBRA

Diz Sua Palavra:

"Por esta razão, pois, amados, esperando estas coisas, empenhai-vos por serdes achados por ele em paz, sem mácula e irrepreensíveis, e tende por salvação a longanimidade de nosso Senhor [...]" (2 Pe 3.14-15, 1ª parte).

O registro do apóstolo Pedro instrui os destinatários de sua segunda carta, que são "aos que conosco obtiveram fé igualmente preciosa na justiça de nosso Deus e Salvador Jesus Cristo" (2 Pe 1.1), incluindo, em razão da fé, as saficientíssimas senhoras que labutam no Serviço Aliançado pela Fé (SAF). O registro lembra a todos que o Senhor Jesus cumprirá a Sua promessa de buscar os que são Seus para estarem com Ele de uma maneira que ainda não foi experimentada. "Não retarda o Senhor a sua promessa" (2 Pe 3.9). No tempo chamado de "Dia do Senhor", e diante da catástrofe anunciada nesse referido texto bíblico, Seus discípulos serão por Ele mantidos íntegros, bonitos e bem vestidos para circularem pelos "novos céus e nova terra, nos quais habita justiça".

Portanto, apesar da anunciada destruição, os que confiam no Senhor vizinhar-se-ão a uma moradia majestosa e apaziguadora já que nessa moradia habita a justiça e dessa moradia irradia a paz e segurança exatamente porque "o efeito da justiça será paz, e o fruto da justiça, repouso e segurança, para sempre" (Is 32.17). Isso ainda inclui dizer que haverá circulação pelas veredas da justiça por amor do seu nome (Sl 23.3), e tudo quanto se realizar será coberto por essa justiça porque definitivamente Seus discípulos são cidadãos da cidade de justiça, a cidade fiel (Is 1.26). Juntos, são concidadãos do céu.

Diante dessa contemplação, desse quadro deslumbrante, escreveu o apóstolo Pedro que os discípulos devem se empenhar para serem achados por Cristo em paz, sem mácula e irrepreensíveis. Significa dizer que, quando o Senhor Jesus retornar e a catástrofe estiver ocorrendo, Seus discípulos serão encontrados por Ele em paz, sem mácula, irrepreensíveis. Para isso, deve-se empenhar as vidas, os sonhos, os planos, os relacionamentos, os serviços, a SAF, não somente no sentido de se desenvolver diligentemente no serviço cristão, mas também e, sobretudo, no sentido de penhor, de garantir pela própria vida as realizações que o cristianismo requer de cada um, que é a devoção ao Senhor e à Sua Palavra, prazer na comunhão da igreja, temor no culto e na adoração, misericórdia e longanimidade nos relacionamentos, receptividade e simpatia nas conversações, coração e mente impulsionando para amar e perdoar, braços e pernas movendo-se para encontrar e, juntos, marchar em direção ao encontro com o Redentor, movendo os lábios pronunciando a palavra Maranata.

O crente em Cristo é do Senhor Jesus, e Ele é do crente. É para os crentes que Ele virá. É o Seu povo que Ele deseja encontrar e é pelo Seu povo que Ele fez o que fez e fará. O crente é destinado a Ele, à Sua glória, ao Seu louvor. Somente não retornou ainda por causa de Sua grande longanimidade, pois é Seu desejo que se aperfeiçoem os crentes.

Prossigamos, pois, em conhecer o Senhor amando a sua obra.

O Senhor Jesus ama você, o Senhor Jesus ama os de sua casa, o Senhor Jesus ama vê-la em paz, sem mácula e irrepreensível.

SUSSURRANDO ESPERANÇA

Diz a Palavra de Jesus hoje:
"Porque, na esperança, fomos salvos [...]" (Rm 8.24, 1ª parte).

Nas lutas, nos ambientes de convivência, nos confrontos com a vida, seja onde for, é consolador pensar que a Bíblia está sempre a sussurrar a esperança.

Desde o tumulto no Éden, que provocou o julgamento de Deus sobre o casal culpado e contra a terra que os sustentaria, percebe-se o desenvolvimento da linha da esperança. Deus não abandonou o pecador à sua miserabilidade.

A Noé, Deus inculcou esperança para que construísse a arca; a Abraão deu a visão do que haveria de vir: "Em ti serão benditas todas as famílias da terra" (Gn 12.3). O chamado de Abraão para deixar sua terra foi alicerçado e edificado na esperança. Os quatro séculos de escravatura no Egito não apagaram essa chama de esperança. Deus libertou o povo com braço forte e cumpriu Sua promessa de instalação na nova terra.

Na sequência, profetas foram enviados com mensagens de juízo e condenação. Não obstante, vivenciando lutas, invasões, apostasia e adultérios espirituais, os profetas do Senhor deixaram registros históricos de libertação e triunfo à época e no porvir. Isaías proclamava: "Consolai, consolai, o meu povo, diz o vosso Deus […] a glória do Senhor se manifestará e toda a carne a verá […] Eis que o Senhor Deus virá com poder e o Seu braço dominará; eis que o seu galardão está com ele, e diante dele, a sua recompensa" (40.1-10).

Esperança, esperança, esperança, em situações de aflição e sofrimento, porque Deus promete uma mudança radical que alegra o coração mais desesperado. É Paulo quem declara que a fé e o amor dos colossenses existiam "por causa da esperança que vos está preservada nos céus" (Cl 1.5). Aos Romanos ele disse: "Na esperança fomos salvos" (Rm 8.24). Pedro nos conta da esperança "viva" (1 Pe 1.3), comunicando segurança porque aguarda-se a "bendita esperança" da vinda de Cristo que justifica mediante a fé fazendo experimentar a paz com Deus e escancarando a porta aberta pela fé para que haja firmeza na Sua graça. Essa compreensão proporciona exultar na esperança da glória vindoura (Rm 5.1, 2). Significa que a segurança e a paz que o Redentor semeia fazem de Seus discípulos brotos da alegria, do amor e da profusa comunhão.

Até a tribulação que Deus permite para produzir a perseverança e desenvolver o caráter de Cristo injeta no crente a esperança cristã. Aqueles que, como Paulo, mais aflição passam são os que mais esperança possuem (Rm 5.3-4). O desespero e o pessimismo esvaem-se em pó diante do concreto brilho do futuro do filho de Deus conforme a promessa do Senhor Jesus.

Essa esperança não confunde, porque está unida ao amor que o Espírito Santo derrama nos corações daqueles que põem sua confiança plenamente na fidelidade de Deus (Rm 5.5).

O Senhor Jesus ama você, o Senhor Jesus ama os de sua casa, o Senhor Jesus enche de esperança aqueles que n'Ele confiam.

O QUARTO TRANSFORMADO EM ALTAR SECRETO

Diz a Palavra Sagrada ao longo dos dias: "[...]; e teu Pai, que vê em secreto, te recompensará" (Mt 6.6).

Notória a labuta de mulheres cristãs piedosas na busca do frutuoso trabalho em prol da igreja de Cristo por meio da Sociedade Auxiliadora Feminina (SAF). Essa labuta não é de hoje. Vem ao longo de mais de 140 anos no Brasil, avançando suas trincheiras, estendendo suas conquistas no terreno do pensamento cristão, da obra social e do leal auxílio no serviço eclesiástico e pastoral nas respectivas localidades numa dimensão como que a revelada no inspirativo hino[4]:

"Do vasto Mato Grosso

Até ao Ceará,

Por vilas e cidades

Do Sul ao Grão Pará, [...]

Do Sul ao Amazonas,

Do Oeste até ao mar, [...]".

De fato, está escancarado a quem convive no meio presbiteriano que a SAF da Igreja Presbiteriana do Brasil é uma espécie de âncora

---
[4] Hinário Presbiteriano Novo Cântico - hino 285 - A Salvação do Brasil.

do serviço cristão. Une as mulheres presbiterianas de todo o Brasil com a pronta iniciativa de servir e auxiliar.

Certamente que, em razão de vários fatores externos e, vez por outra, de fatores internos, assenhoras da SAF são acometidas de situações, na tentativa de reduzir o passo de sua marcha, prostrando-as doentes, no pensamento, no ânimo, até na dúvida, nublando sua devoção e comunhão. Tais fatores internos afetam o alvo da espiritualidade, do compromisso com a resposta devocional ao chamado cristão, e não são estreitas as radiações propagadas por eles. Algumas ondas têm o poder de fazer curvá-las de dor, às vezes, no físico, às vezes, na alma. A doença mortal de um ente querido, a língua deselegante de alguém do convívio, o desânimo produzido pela indiferença das companheiras, a falta do apoio masculino, o ansiolitismo produzido pelos anseios da velha natureza, o sentimento de mal amada que, vez por outra, perpassa o coração, a falta de reconhecimento pelo longo e penoso trabalho e tantos outros mais que experimentam nos variados níveis da vida.

Tais fatores efetivamente abatem e insultam com insinuações que contrariam os preceitos Daquele que chamou das trevas para a Sua maravilhosa luz (1 Pe 2.9). Entretanto, diante de embates dessa ordem, cabe revitalizar-se com a lembrança de que o chamado para Sua maravilhosa luz é para aqueles que "não retrocedem para a perdição; é, entretanto, da fé, para a conservação da alma" (Hb 10.39).

Por isso, nos enfrentamentos dos vários fatores externos que se opõem à propagação do evangelho do Senhor Jesus e que visam influenciar fatores internos, em quaisquer de suas nuances, deve-se buscar o ânimo e o consolo por meio de uma ação secreta movida por alguém secreto, que vê em secreto e que oferece uma recompensa banhada com os atributos do Espírito Consolador (Gl 5.22, 23). O pódio para recebimento dessa recompensa é o próprio quarto de dormir. Faça do quarto de dormir um altar secreto. Dedique-se a esse altar diariamente e ofereça sacrifícios de louvor, que é o fruto de lábios que confessam o nome do Senhor Jesus (Hb 13.15). Ao entrar no quarto, ao contemplar o pódio, tranque a porta para os fatores externos que trazem subjugo e se derrame no altar secreto diante Daquele que vê em secreto. Esse alguém é o Deus de toda consolação, o Pai nosso que está no céu. Ele recompensará.

O Senhor Jesus ama você, o Senhor Jesus ama os de sua casa.

BELAS E PRÓSPERAS PRESBITERIANAS

No mês de fevereiro, comemora-se o dia da mulher presbiteriana. No mês de março, comemora-se o Dia Internacional da Mulher. Imagina esse exército cristão bem arrumado e animado, que graciosamente gasta grande parte de suas vidas servindo nas fileiras presbiterianas do chão brasileiro e além-mar. Como são diligentes, preocupadas, interessadas no bem-estar dos outros, no aprofundamento da amizade, na receptividade de novas pessoas, no esmero do bom tempero, na busca do cumprimento do dever como crentes, como mães, como discipuladoras, amigas, saficientíssimas na medida do possível, conduzem, passo a passo, a função de educadoras do futuro. Nessa função vencem obstáculos à medida que eles surgem. É de encantar o observador diligente que olha esse exército examina suas evoluções, criatividade e passo firme. Que beleza possuem as mulheres presbiterianas! Impressionante!

A Igreja Presbiteriana, desde o seu primórdio em chão brasileiro, considera a mulher originada do amor de Deus, ideia divina de companheirismo, divina direção de frutuosidade, criada para um idôneo auxílio e constituída em cestas abençoadas que carregam filhos para o grande lar da família que leva o nome de Deus. As saficientíssimas estão inseridas nesse viés genial.

A Igreja Presbiteriana desfruta desse celestial privilégio que se instrumentaliza na terra para a propagação do evangelho. Assim, de glória em glória, move-se pelo chão do nosso rincão. Na ardência da sarça evangelizadora presbiteriana, em meio às fortes chamas masculinas que são os varões, que também tanto labutam pelo Nome (3 Jo v. 7), destacam-se laivos de labaredas femininas. É que na defesa da fé, o trabalho saficientíssimo tem por objetivo máximo melhor fazer o serviço cristão, falar do amor cristão e dar mostras dele; além de impulsionar, por amor e ações acessórias, aqueles e aquelas que se tornarão líderes tementes ao Senhor e que deverão servir às sociedades eclesiásticas, acadêmicas, profissionais de quaisquer segmentos.

Levantem as mãos aos céus e manifestem substancial gratidão a Deus pelo organizado serviço prestado pelas mulheres presbiterianas em solo brasileiro e além dele. Com mãos levantadas e corações bombeando gratidão a Deus, certamente fluirá um espírito de regozijo que conduzirá a riso e choro tamanhos no arraial, a ponto de encabular espíritos desacostumados com atitudes tais no meio cristão. Conduzir-se-á a um choro de felicidade e a um canto de gozo e de paz a transformar ambientes, a quebrar corações endurecidos pelo desânimo e pela descrença. As mentes se erguerão aos céus invocando a presença do Senhor. O abraço do conhecimento e reconhecimento da salvação a todos alcançará com a percepção do que foi perfeito e único o serviço consumado na cruz de Cristo.

Devoção tenha-se. Derrame-se por Jesus Cristo um espírito de inspiração no desenvolvimento do Seu serviço e, assim, prossiga-se ano adentro, de glória em glória. Possa Deus abençoar as mulheres presbiterianas, dando-lhes semanas mais semanas plenas de riso, de choro restaurador e de canto fraternal.

Graças a Deus que, em Cristo Jesus, se experimenta riso, choro e canto no desenvolvimento da saúde espiritual!

Jesus Cristo ama. Ama os de nossa casa, e por causa do Seu amor pode-se experimentar destas emoções que tanto fazem bem.

DEPOSITÁRIA DE UM TESOURO INEXTINGUÍVEL

Diz a Palavra sacra neste alto verão no arraial:

"Ora, àquele que é poderoso para fazer infinitamente mais do que tudo quanto pedimos ou pensamos, conforme seu poder que opera em nós [...]" (Ef 3.20).

O apóstolo Paulo está orando. Em êxtase, atinge uma dimensão maravilhosa de gratidão a Deus. Ele diz: "a Ele seja a glória, na igreja e em Cristo Jesus, por todas as gerações, para todo o sempre" (Ef 3.21). Por quê?

Observe que essa transposição emergente no espírito de Paulo é que ele está diante do Pai, de quem toma o nome toda família, tanto no céu como sobre a terra (Ef 3.15). Esse Pai é poderoso para fazer infinitamente mais do que pedimos ou pensamos.

Ora, o crente em Cristo pertence a essa família cujo Pai é poderosíssimo. Esse poder age no crente com gratas lembranças, as quais trazem a certeza de que o que Deus começou na sua vida, Ele vai completar (Fp 1.6). Ele trabalha. E esse trabalho diz respeito ao viver aqui e agora, diz respeito às atividades, aos relacionamentos, à complexa maneira de ser, à sensibilidade, afinidades, aos ensimesmamentos e melindres. Ele ainda trabalha arando o caráter e semeando valores e quantificações de fé com fertilizantes de Sua Graça, porque Ele é um Pai que pretende fortalecer seus filhos com poder mediante seu Espírito no homem interior (Ef 3. 16).

Ele visa ao interior, pretende a cura do interior, busca o fortalecimento no interior para os enfrentamentos aqui e agora, onde na caminhada, a cada passo, converse-se espontaneamente com salmos e hinos de amor, e assim viva-se cada dia com gratidão e louvor, tendo na fisionomia exibida a cada dia os trejeitos, traços e meneios da crença em Deus, no que se tem crido, onde se tem esperança. A maneira de ser dirá em quem se tem crido, com insinuações à luz do dia de que aquele em quem se crê é poderoso para guardar a crença até o dia final (2 Tm 1.12), exatamente porque o crente leva o nome de Deus ("de quem toma o nome toda família"), isso mesmo, por amor do Seu nome. O crente é depositário de um tesouro inextinguível. Esse tesouro é a pessoa do Redentor, o Senhor Jesus Cristo.

Entregue-se com tudo que tens e fazes a esse poderosíssimo Senhor. Ele fará infinitamente mais do que se pede ou pensa, conforme Seu poder.

O Senhor Jesus ama você, o Senhor Jesus ama os de sua casa, o Senhor Jesus ama vê-la cheia de poder para testemunhar.

O ALVO QUE EQUILIBRA

Diz a santa Palavra neste dia que se chama hoje: "[...], prossigo para o alvo, para o prêmio da soberana vocação de Deus em Cristo Jesus" (Fp 3.14).

Lembra aquele hábil malabarista que passeia sobre um estreitíssimo fio? Vai de uma ponta a outra sem cair do alto. Seu segredo é nunca olhar para baixo. Somente para o alvo. É o alvo que o mantém em equilíbrio, é o alvo que nivela os canais do seu labirinto e o atrai como que magnetizado. Fixar-se no alvo é ser mantido sobre o fio. O alvo é a segurança daqueles malabaristas.

É bem verdade que há percalços que tornam o movimento como que pêndulo, oscilando entre um passo e outro. Anda-se pendulando face das lutas diárias que se desenvolvem para o bom viver na alma. As frustrações domésticas e sociais, os desconsolos de iniciativas malsucedidas, de propósitos frustrados, dos desalinhos na saúde, nos temores de perdas, nas decepções com as estruturas orgânicas e administrativas, o ceticismo causado pelo abandono dos sonhos, a frieza advinda da ausência de congregar e o estilo de vida bombardeado pelos mísseis da ingratidão social são combates que tantos enfrentam diariamente, seja no secreto, seja a campo aberto. Como soa a boca popular: "matando um leão por dia".

Porém, o que crê em Jesus Cristo observe o caminhar do apóstolo Paulo. A Palavra registra que ele desenvolvia sua vida fixando-se num alvo que modificava diariamente sua conduta. O alvo o fazia esquecer-se das coisas que para trás ficam, isto é, os enfrentamentos que ontem produziram mal ou bem. O alvo o fazia avançar, o fazia prosseguir para os enfrentamentos de hoje e amanhã, isto é, os que diante estão. O alvo o mantinha em equilíbrio e tornava seguro seus passos, exatamente porque ele era daqueles que adorava a Deus no Espírito, que se gloriava em Cristo, que não confiava na carne (Fp 3.3).

O alvo que o atraía era exatamente o prêmio da soberana vocação de Deus em Cristo Jesus, que é a salvação em toda sua plenitude, o que inclui a vitória aqui e agora nesses percalços da alma. Portanto, caso se esteja andando no fio anímico conforme descrito, deve-se tomar a atitude de Paulo descrita na Palavra, porque os crentes em Cristo são aqueles que adoram a Deus no Espírito, que se gloriam em Cristo, que não confiam na carne (Fp 3.3).

Avance, pois, "para conquistar aquilo para o que também fomos conquistados por Cristo Jesus" (Fp 3.12).

O Senhor Jesus ama você, o Senhor Jesus ama os de sua casa, o Senhor Jesus ama vê-la prosseguindo progressivamente.

O SISTEMA ILUMINÁRIO NOS CAMINHOS DESTA VIDA

O sol cada vez mais apressado. O dia se vai. O entardecer vem ao encontro acenando, despedindo-se até amanhã. O relógio constata 18 horas desse veloz dia da semana. Meu Deus! Tanta coisa para fazer! Prioritário compartilhar a fé cristã numa superfície de esperança. Nesta superfície importa comunhão, acendimento da alma, promoção da fé, mantença dos laços, desenvolvimento da salvação, além de fazer tremer e temer a expectativa de presença de Deus.

A mensagem cristã bem proposta que vem ao coração no cotidiano de hoje é a que o apóstolo João deixou registrada com as seguintes palavras:

"Se, porém, andarmos na luz, como ele está na luz, mantemos comunhão uns com os outros [...]" [1 Jo 1.7].

A comunhão uns com os outros na vida da igreja é o ideal sempre proclamado por atalaias cristãos e além deles. No que diz respeito à movimentação pessoal no seio da Igreja Presbiteriana do Brasil, as denominadas sociedades internas, especialmente a SAF, labutam para energizar indivíduos a se coletivizarem, buscarem ter comunhão uns com os outros porta adentro e porta a fora da igreja local e, assim, efervescerem a luta contra o individualismo, o indiferentismo, o descristianismo, que promovem o mundanismo e pervertem a comunhão cristã com sutil insinuação aversa à cristianização. Por vezes, envereda-se pelo "Caminho das Índias"[5], e não pelo caminho da comunhão cristã.

Há que ser clarificada diariamente na mente cristã essa distinção entre a comunhão cristã bíblica e a comunhão não cristã luxuriosa. A primeira não compactua com a segunda. A comunhão cristã bíblica somente existirá se neste mundo os crentes em Cristo andarem na luz. Que tipo de luz? Deus. Deus é luz e não há n'Ele treva nenhuma (1 Jo 1.5). Além de ser a luz, Ele está na luz. Assim, por ser Luz, ilumina o Seu caminho; e por estar na Luz, encaminha os que n'Ele creem. Quanto mais os crentes forem encaminhados pelo Seu caminho, mais experimentarão comunhão com Deus e com os caminhantes, porque Ele é o caminho e Ele é A Comunhão. O grande segredo da mantença de comunhão uns com os outros nesta vida, diz a sacra Palavra, é andar na Luz. Significa andar em Deus; e, estar em Deus.

A comunhão cristã sem desenvolvimento, morna, esfriada ou descristinianizada, indicará rumo oposto ao andando no caminho da Luz. Esse rumo oposto caracteriza-se em perfilar-se numa caminhada entretida com as lindas fantasias, com luzes coloridas, com perfumes de aromas incríveis, com comportamentos que confundem um jeito especial de ser e falar, mercantilizando a fé e a esperança. Por esse caminho, diz taxativamente a Escritura Sagrada, o crente não andará na luz, mas nas trevas (1 Jo 1.6). Nessa caminhada não há comunhão com Deus. Provavelmente venha daí o esfriamento, a mornidão, o ensimesmamento, a justiça própria, a crítica destrutiva, o desfazimento, a inglória, o cinismo, a hipocrisia, a falta de tempo, e tudo mais que diga respeito à vida da igreja.

Examine-se, pois, a linearidade do sistema iluminário do percurso para verificar de onde vem a luz que se tem tido para o desenvolvimento da vida cristã. Pode ser que se esteja recebendo luz das

---

[5] Telenovela brasileira escrita por Glória Perez, exibida diariamente em 2009, às 21 horas, pela Rede Globo de Televisão.

trevas gerada na usina do maligno. Se for esse o caso, reconheça e confesse os pecados com aquela certeza de que "o sangue de Jesus, seu Filho, nos purifica de todo pecado" (1 Jo 1.7).

Lembre-se, dia e noite, de que o Senhor Jesus ama você, o Senhor Jesus ama os de sua casa, o Senhor Jesus ama vê-la cheia de Sua Luz.

SAUDADES AO LONGO DA VIDA

Quem estiver sentindo saudades diga amém!!! Ah! Quantas saudades! Essa forma de suspirar sempre sai do peito saudoso. Às vezes, espremido como um gemido, às vezes alargado como que querendo dar um abraço. Pessoas e animais, de alguma forma e em algum grau, devem estar neste momento sentindo saudade de alguém, saudade de algum lugar, saudade de uma época, saudade de uma companhia, saudades... saudades.

Na infância, quando ia visitar meus avós, a ansiedade era tanta que não conseguia dormir na noite que antecedia a viagem. Iniciada a viagem, não chegava nunca. Uma pergunta insistente aborrecia os pais: "tá chegando?". Chegando, saltava do carro e pulava para os braços abertos de minha avó de olhos alegres e felizes que, com a idosa boca, repetidamente pronunciava: "que saudades..."! Encontros desejados, esperados e ansiados, tudo recheado com o néctar da saudade.

Edificante pensar que Jesus Cristo também passa por momentos preciosos de saudade. Observe e medite no seguinte registro bíblico:

"[...] chegada a hora, pôs-se Jesus à mesa, e com ele os apóstolos. E disse-lhes: tenho <u>desejado ansiosamente</u> comer convosco esta Páscoa, antes do meu sofrimento. Pois vos digo que nunca mais a comerei, até que ela se cumpra no reino de Deus" (Lc 22.14-16, grifos meus).

É o lado humano do Redentor dando sinais de que sentiria saudades daqueles preciosos "flashes de fraternidade", "leveza dos toques fraternos", do "fluido das relações", do "como vai você", do "senta aqui e me conta", do "papinho olho no olho". Cristo desejava *ansiosamente* comer com seus discípulos porque aquilo que estavam por realizar, Ele somente voltaria a fazer no cumprimento do reino de Deus. Quer dizer, somente Seu retorno propiciará a satisfação dessa Sua santa saudade de seu povo. É como estivesse dizendo: vou saborear com gosto, aproveitando de tudo, não somente da comida, mas também da companhia, da amizade, da paternidade divina, da eleição, porque só vou voltar a saborear assim quando retornar para levar aqueles pelos quais dei minha vida. Nosso Senhor sente saudades de Seu povo, Ele anseia pelo encontro, Ele sonha com o abraço, Ele está a caminho, Ele está voltando para matar as saudades que sente de Seu povo. É verdade, "o Rei está voltando".

É de indagar: gostarias ansiosamente de se encontrar com Ele? Sentes saudade do Senhor? Tens desejado ardentemente que Ele alivie as saudades que Ele mesmo sente de ti?

Há um belo hino entoado por Dico e Rosinha[6], nos anos 1970 e 1980 e que ainda é cantado pelas irmãs Rosely e Sonia em emocionado dueto, que diz:

"Tenho saudades de Jesus meu mestre;

Tenho saudades de Jesus meu Rei.

Tua presença me trará consolo;

Pois sei que só assim feliz serei."

---

[6] Antônio Elizeu dos Passos (Dico) e Rosa Machado dos Passos (Rosinha). À época, obreiros Cooperadores da Igreja Assembleia de Deus em Curitiba, Paraná. Além de campanhas evangelísticas que realizavam, desenvolveram há época um Programa Radiofônico chamado "Jardim Musical".

A saudade é especialmente salutar porque desperta o desejo do encontro, faz crescer o desejo de viajar para o encontro, aguça a criatividade que descobre e proporciona o encontro e leva às concretizações das mais puras das intenções. Ao "matar a saudade", sacia-se a alma com os abraços e os beijos da fé, da esperança, da harmonia, da alegria, da comunhão contagiante e dos diversos balbucios anímicos e espirituais que saem a cada bombeamento de corações como que interjeicionando: Ah! Que saudade!

Bailando e dançando em roda, sai-se pela vida pensando e reflando: "Eu sou do meu amado, e Ele tem saudades de mim" (Ct 7.10). Certamente haverá celebração da diferença porque far-se-á a diferença na sociedade em que vivemos.

Se naturalmente sentir saudade é salutar porque lubrifica a memória, quebranta o coração e move os sentimentos, imagine sentir saudade do Senhor Jesus. Imagine o quanto será abençoador para a memória, o coração, os sentimentos, porque, além e acima de tudo, Ele é a vida, é tudo do que Seu povo necessita, é a fonte da bênção, é o desejado das nações, é o amado do Seu povo.

Por isso, caso não sinta saudade do Senhor, ore pedindo a Deus um especial sentimento de saudade de Jesus. Ore olhando para o céu imaginando vê-lo vindo em Sua glória, lembrando-se sempre de que o Senhor Jesus ama você, o Senhor Jesus ama os de sua casa, o Senhor Jesus ama vê-la se desmanchando em saudade d'Ele.

VOLTA! A VIDA É CHEIA DE VOLTAS

Como um clarim, soe-se altaneiramente no dia de hoje a métrica maravilhosa deste texto bíblico:

"[...] e volta à prática das primeiras obras [...]" (Ap 2.5).

No sul começa um sopro mais frio. É a volta ao cobertor, à sopinha deliciosa fumegando sob o nariz e enchendo de alegria papilas gustativas. É a volta ao agasalho e à busca de sol, também delicioso no período da manhã. Parece conduta de idosos, mas isso é prazeroso e apreciado. Moças vestindo botas, cachecóis e lindos casacos saem a viver a beleza dos dias e noites de frio. Observo filhas amorosas nos seus comportamentos e relacionamentos.

Há quem não suporta o inverno. Há quem sofra com o frio. Entretanto, a observação é a de que voltar faz parte da vida. Revisitar o passado, recordar, porque é fato que a vida é cheia de voltas as quais, vez por outra, proporcionam refazimentos e recomeços, acertamentos e experiências. A vida cristã também é assim. No viver cristão, Jesus Cristo chama atenção para uma volta que, de tão extraordinária, proporciona o milagre da cura nos níveis do físico, da alma e do espírito. Ele exorta: "[...] **e volta à prática das primeiras obras;** [...]" (Ap 2.5, grifos meus).

Tanto tem sido o labor, a perseverança, a náusea do pecado que precisa ser crescente o tratamento espiritual a que diariamente se é submetido, as duras provas pelas quais se passa na motivação de se perseguir a santidade do Evangelho, fato é que o cotidiano leva a esquecer o primeiro amor (Ap 2.4), o dia da conversão ao evangelho, a alegria que invadiu a alma quando a graça do Senhor quebrantou o coração. Salutar lembrar quão extasiado ficou; choro de felicidade, canto de gozo e de paz. Dizia: Redentor e Senhor. Soluçares, garganta apertada pela emoção da bênção da redenção e suspiros mediante os cânticos que enalteciam a pessoa do Salvador. Que maravilhoso cântico:

"meu Senhor sou teu, tua voz ouvi a chamar-me com amor.

E contigo sempre desejo estar, ó bendito Salvador!" (HNC 222).

É preciso voltar ao primeiro amor, que cria no crente em Cristo motivos e motivações cristãs, tais o ardente desejo que outros tenham a experiência com o Senhor igual a experimentada, o zelo pela Palavra pregada, os cultos nas casas, a abordagem evangelística pessoal, a sensação de que o serviço realizado não é para nem para nenhum outro que não seja o Senhor, a alegria de viver para Deus, contemplar a luz da esperança propagada em cores como se fosse um arco-íris.

Inexistente presentemente esses derramares nas almas e espíritos, é preciso voltar a tê-los, derramar-se diante do Salvador, suspirar pela Sua companhia, declarar o quanto Ele é amado e desejado e que Ele é tudo de que o crente necessita. É preciso que haja arrependimento e volta à prática das primeiras obras, exatamente o comportamento quebrantado no seio da igreja, o andar piedoso na sociedade em que se vive, a oração pública, auditiva, que tanto edifica os irmãos em Cristo quanto exalta ao Senhor Jesus, o cântico que expressa na face a indizível alegria em razão da salvação e da esperança outorgada e que vem da cruz.

Lembre-se dia e noite de que o Senhor Jesus ama você, o Senhor Jesus ama os de sua casa, o Senhor Jesus ama vê-la derramando-se apaixonadamente diante d'Ele.

COMO É BOM TER JESUS NO CORAÇÃO

Confira nas Escrituras Sagradas este texto: "Sede fortes, e revigore-se o vosso coração, vós todos que esperais no Senhor" (Sl 31.24).

Quem dedica a vida a Cristo tem uma história linda para contar. Quantos livramentos! Quantas lágrimas! Quantos cânticos e assobios espirituais vieram aos lábios! Quanto de desvelo se experimenta onde o Senhor Jesus tudo fez para preservar na fé daqueles que creem, na integridade, no amor e na comunhão. Quando Cristo entra no coração, experimenta-se algo espetacularmente real: Ele chegou às trevas do coração do homem e acendeu Sua luz; além disso, acendeu uma fogueira e espantou o frio, fez soar música na vida e a preencheu com sua amorosa e maravilhosa amizade. Sua benignidade e fidelidade lubrificam e amaciam os relacionamentos a partir do lar, da casa. Quantas vezes se cantou: "como é bom, como é bom: ter Jesus no coração".

Na caminhabilidade da vida, é certo que cada um enfrenta dias chuvosos, dias secos, dias quentes, supera obstáculos, depara-se com contratempos sociais, diverte-se, chora, entristece-se e faz parte de tantas outras ocasiões particulares que sobrevierem à existência, inclusive períodos difíceis que mais pareciam desertos escaldantes. Porém, anda e chega até a leitura desta crônica, até este momento. Olhando para trás, constata o quanto Deus já fez. Caso proponha-se a contar as bênçãos, se surpreenderá com o quanto Cristo fez. O Senhor é a nossa força; Dele vem a nossa força (Sl 59.16).

A todas, pois, que estão gastando um tempinho com a leitura desta crônica e que esteja por algum motivo com o coração pesaroso, o rogo é que revigore seu coração declarando a si mesma a confiança no sacrifício que Cristo realizou para tirar o jugo que não conseguiria carregar (Sl 68.19). Por causa desse serviço sacrificial, chegou até a este momento e, segundo a Sua Palavra, de que Ele fará muito mais do que se pede ou se pensa (Ef 3.20), certamente chegará mais adiante, verá o próprio bem, o bem dos filhos e a plena salvação da família e toda a casa. É certa a especial visita da orquestra da esperança cuja regência está a cargo do Espírito Santo, o qual coloca nos lábios um jubiloso cântico de esperança a ponto de restabelecer a saúde, o ânimo, a alegria, a paz, os relacionamentos e o desejo de ir em frente. Não empurrando, mas atraindo porque o Senhor Jesus é irresistivelmente atraente. Aumente o volume e ouça o som de Suas Palavras: "[...]. E eis que estou convosco todos os dias até a consumação do século" (Mt 28.20). Todos os dias... todos!

Desfrute, pois, diariamente, de manhã, ao longo do dia, e ao deitar-se, dessa maravilhosa companhia que tem o objetivo de fortalecer. Revigorai-vos pois, n'Ele e sede fortes, para assim prosseguirdes nos dias que Ele dará, servindo-O e vivendo bem.

O Senhor Jesus ama você, o Senhor Jesus ama os de sua casa, o Senhor Jesus ama vê-la revigorada e cada vez mais forte. "Vamos que vamos", o Mestre nos chama!

CONSAGRAÇÃO QUE VENCE A DEPRESSÃO

Joseph Parker, pregador cristão em Londres, disse que até os 68 anos de idade nunca tivera uma dúvida religiosa, foi quando morreu sua esposa, e sua fé estremeceu. Ele escreveu:

"[...] nessa hora de escuridão, tornei-me quase ateu. Deus pisara em minhas orações e tratara meus pedidos com desprezo. Se eu visse um cão em tamanha agonia como a minha, teria tido compaixão e ajudado o animal mudo. Deus, todavia, cuspiu em mim e lançou-me para longe como uma ofensa - para fora, no deserto ermo e na noite escura e despida de estrelas"[7].

Onde está Deus quando se desmoronam nossas emoções? Por que Ele não se apresenta? Por que não faz algo mesmo que seja simplesmente dar um fim à nossa vida? Esses são gritos de homens como Parker, Castro Alves[8] e tantas mais pessoas influenciadoras, que podem ter sido ou estar sendo também nossos gritos.

Apocalipse é uma carta pastoral. Escrita aos cristãos que estavam sendo destroçados por causa da sua fé. A indiscutível mensagem desse livro, incansavelmente repetida, é: Deus reina. É disso que trata,

---

[7] STOTT John. *The Cross of Christ*, p. 312.
[8] CASTRO ALVES, Antonio Frederico. *O Navio Negreiro*, abril de 1868.

basicamente, o livro bíblico de Apocalipse. Nada acontece por acaso. Deus, por meio de Seu Filho está realizando Seu propósito eterno para o bem de seus filhos e para sua Suprema glória; embora, algumas vezes, não pareça assim.

Justamente por isso é que, por intermédio do apóstolo João, pode-se vislumbrar os bastidores para ver o que no momento está oculto. O cenário apresentado no capítulo cinco do livro de Apocalipse contém mensagem maravilhosa. A mão direita de Deus sempre indica Seu controle e o bom propósito que Ele quer realizar. O livro na sua mão direita é um documento legítimo escrito dos dois lados, selado com sete selos. A própria natureza do documento sugere que seu conteúdo e propósito: "O plano de Deus" e o "Seu Decreto definitivo", que cobre toda a história das civilizações. Porém, o documento está selado com sete selos (perfeição); se não for aberto, a vontade de Deus não só não será revelada, como também não será executada. Abrir os selos é necessário, tanto para a revelação como para a execução do Decreto divino.

Entretanto, no versículo dois, ouve-se um clamor que ecoa por todo o universo, na esperança de que possa haver alguém que faça isso: "Quem é digno de abrir o livro e de lhe desatar os selos?". Perceptiva a tensão do silêncio que se segue. Criaturas do céu aguardando, orando para que haja uma resposta, depois o absoluto desespero que as envolve: "Ora, nem no céu, nem sobre a terra, nem debaixo da terra, ninguém podia abrir o livro, nem mesmo olhar para ele" (v. 3). João chorou porque ninguém foi encontrado.

Você já teve um pesadelo em que algo terrível estava acontecendo e você queria gritar e não conseguia, de repente acordou chorando? Esse é o sentimento de João nesse exato momento. Por quê? Avaliem-se eventuais consequências. Se esse livro não for aberto, o plano de Deus será inócuo. O mundo não terá o governo conforme os interesses de Deus e do seu povo. Não haverá juízo, os erros não serão corrigidos, nem o bem triunfará sobre o mal. Os maus ficarão impunes, até mesmo o diabo. Se Deus não puder realizar seu plano para o mundo, não há esperança alguma de justiça.

Porém, de repente (v. 5), acontece algo. É a resposta para o drama de João e nosso. É encontrado alguém que pode abrir o livro e produzir a vitória final do bem sobre o mal: "Todavia, um dos anciãos me disse: Não chores; eis que o Leão da tribo de Judá, a Raiz de Davi, venceu para abrir o livro e os seus sete selos". E quem é esse alguém? É o Senhor Jesus. Ele domina tudo e é onisciente. Ninguém mais é digno ou capaz de revelar e executar a vontade de Deus Pai. Somente Jesus Cristo. Daí, o louvor oferecido a Ele (v 9): "Digno és de tomar o livro e de abrir-lhe os selos, porque foste morto e com o teu sangue compraste para Deus os que procedem de toda tribo, língua, povo e nação".

Jesus está no trono e pela fé é visto ali, guiando, dirigindo, tecendo todos os eventos segundo sua insondável sabedoria, até o dia em que Ele voltará para levar seus irmãos para estarem com Ele no "mundo vindouro", para sempre. Então, entregue-se e consagre-se mais profundamente a Ele.

O Senhor Jesus ama você, o Senhor Jesus ama os de sua casa, o Senhor Jesus ama vê-la cheia de esperança e crendo n'Ele com toda a sua força.

TÍMIDO OLHAR SOBRE A SAF

A Sociedade Auxiliadora Feminina da Igreja Presbiteriana do Brasil (SAF) é mais ampla do que imagina a vã filosofia *interna corporis*. É mais forte do que se supõem nas esquinas das igrejas. Tem mais amor do que experimentam beneficiários. Em flash de consciência, rápido julgamento leva a algumas conclusões sobre o significado ou a representatividade do serviço realizado por ela.

Acomode a sigla SAF sob a lâmina de um microscópio. De forma aumentada, ver-se-á a ação e os movimentos de cada letra dessa sigla, sua posição, direção e como elas dançam. O resultado é como que se estivesse olhando para dentro de um caleidoscópio, observando aquela sucessão de impressões e sensações, reflexões de vidros coloridos sobre um jogo de espelhos angulares. Essa ação produz um número infinito de combinações de imagens de cores variadas.

Ao exame, pois, dessa sigla, vê-se e sente-se pelo menos destacar 16 qualificações que mutuamente se acariciam:

(1) Veem-se belas mulheres **SOCORRENDO E ASSISTINDO FERVOROSAMENTE**;

(2) Veem-se belas mulheres **SERVINDO, APRENDENDO, FAZENDO**;

(3) Veem-se belas mulheres **SACIANDO AMOROSAMENTE A FOME**;

(4) Veem-se belas mulheres **SEMPRE ANIMADAS EM FAVORECER**;

(5) Veem-se belas mulheres **SADIAS, ANDANDO NA FÉ**;

(6) Veem-se belas mulheres **SÁBIAS, AMOROSAS, FIÉIS**;

(7) Veem-se belas mulheres **SALMODIANDO, ARPEJANDO FILARMONICAMENTE**;

(8) Veem-se belas mulheres realizando **SACRIFÍCIOS AGRADÁVEIS DE FATO**;

(9) Veem-se belas mulheres **SANTAS, AMADAS, FRUTIFICANTES**;

(10) Veem-se belas mulheres **SOFRENDO E AMANDO FEMININAMENTE**;

(11) Vem-se belas mulheres **SENTADAS NAS ALTURAS DA FORMOSURA**;

(12) Veem-se belas mulheres desenvolvendo um **SERVIÇO AUGUSTO FUNDAMENTAL**;

(13) Vê-se belas mulheres **SENDO ALVISSAREIRAS FRATERNAS;**

(14) Veem-se belas mulheres dizendo: **SOMOS ALEGRES, FESTIVAS;**

(15) Veem-se belas mulheres nas quais **SOBRAM ASSUNTOS FORMIDÁVEIS;**

(16) Veem-se belas **SENHORAS OU SENHORITAS AMIGAS E FACEIRAS;**

De uma costela, essas belas mulheres foram transformadas no que há de melhor para o homem, auxiliadoras (Gn 2.18). Hodiernamente e sempre, sem estas auxiliadoras, os homens e a igreja não seriam o que são, não chegariam aonde chegaram e não seriam o que hão de ser. Elas são complementaridade, são idôneas, são imprescindíveis para sacudir, animar e fazer felizes os homens e suas igrejas. Elas são as mulheres da SAF, com suas bandeiras, seus passos rápidos, a espontaneidade singular, o trato simpático e as mãos ligeiras para auxiliar.

Rufem os tambores! Elas vieram para fazer morada. Possa o Senhor abençoar para serem mutuamente auxiliadoras!

Um presente cheio de animação e vida edificada para edificar.

MEIO ASSIM, SEI LÁ

Já esteve num estado meio assim, sei lá? Às vezes, acontece. Meio assim sei lá, entende!! Talvez alguém das fileiras da SAF, de vez em quando, também fica meio assim sei lá. São tantos os enfrentamentos, as labutas diárias próprias dos cônjuges, os cuidados comezinhos que derivam dos filhos ou que circundamos conflitos subjetivos pessoais e coletivos que quase sempre acabam em íntimas e secretas broncas, ora mais amenas, ora mais severas, dependendo da tensão. Tais broncas, aliás, começam já ao despertar, logo ali há cinco passos da cama, quando se encontra com aquele inclusivo espelho que muitas vezes, examina com ar acusativo e que nada mais é do que o próprio semblante refletindo a autoacusação, que varia em modos e qualificações. Até o pé de galinha no canto do olho é tese de acusação. E aí segue do banheiro para cozinha, donde virá o delicioso cheiro do café; nesse ponto inicia a inescrutável viagem que liga o pode ser que sim ao pode ser que não, ou, o entre uma coisa e outra, ou, simplesmente o devaneio matinal que precede o ante desjejum.

    Na linha do pensamento, entre o pode ser que sim e o pode ser que não, demanda um tempo como um relâmpago. Pode demorar tempo maior porque poderá ser que contemples um trecho que na linha do pensamento pode ser longo ou curto. Pode ser que, entre um ponto e outro, se defronte com alguma encruzilhada instaladora de dúvida tal a reduzir a velocidade no pensamento. Pode ser que eventuais ocorrências, como a fala de um filho que se mistura ao som choco da cafeteira, o resmungo do marido que não encontra a meia, o telefone que toca, a sirene da ambulância, as quais, de alguma maneira, obstem a realização de um percurso mais rápido do pensamento. É nesse turbilhão matutino que as saficientíssimas iniciam sua profissão de malabaristas, colocando os pratinhos a rodar na ponta das varetas. Um após outro, os pratinhos começam a rodar, e elas então vão cuidando de todos e de tudo até a hora de se deitarem lá pelas tantas da noite, sem deixar cair nenhum dos pratinhos. Elas notadamente são capazes de fazer várias coisas ao mesmo tempo, são muito produtivas e possuem uma mente turbinada que as tornam capazes de fazer muitas coisas, e falar todas ao mesmo tempo e entendendo cada palavra do que está sendo dito.

Eu sei que não são assim somente as saficientíssimas. Todas as outras mães e esposas também o são, também travam desde a primeira manhã um armagedon individual. Porém, as saficientíssimas, além de serem na maioria mães e esposas e de travarem cada qual seu armagedon individual, participam da SAF. Por isso, pode-se pensar que, em algum momento e em razão de algum desânimo, alguma frustração, alguma circunstância, uma saficientíssima se encontre na situação de estar meio assim sei lá.

Se estiveres assim ou dia desses ficares assim, uma excelente iniciativa é visitar o Salmo 27.13. Leia em voz alta a sós: *"Eu creio que verei a bondade do Senhor na terra dos viventes. Espera pelo Senhor, tem bom ânimo, e fortifique-se o teu coração; espera, pois, pelo Senhor"*. E enquanto esperas pelo Senhor, convides uma amiga para irem dia desses num quilinho bem limpinho no meio da quadra e juntas almoçarem, cada uma pagando o seu, onde poderão bater um papinho sobre a vida, as dores, a esperança em Cristo Jesus, os filhos, a vida eterna no céu. Isso FORTIFICA O CORAÇÃO, como diz o Salmo. Além disso, entre uma conversa e outra, eventualmente, notar-se-á a mulher que acaba de entrar no ambiente com *aquela* bolsa bonita, porque nada escapa aos olhares das mulheres, especialmente as da SAF.

O Senhor Jesus ama você, o Senhor Jesus ama os de sua casa, o Senhor Jesus ama vê-la com um coração fortificado e cheia de esperança n'Ele.

ESTRANHA MANEIRA DE PENSAR NO CÉU

Lavar a louça nossa de cada dia pensando sobre o céu? É.... Sei não! Mais ou menos!!A despeito do titubeio, tudo é possível ao que crê, incluindo pensar (Mc 9.23).

Nathasha Domingues de Morais, no seu pueril poema *Só Penso*[9], deixa sinalizado:

Só penso, Só penso
Penso ali e sou Pensadora de lá.
Posso pensar tudo que imaginar,
Posso pensar até em sonhar".
Você pensa que nem eu?
Não precisa ser bonito, feio
Todo mundo sabe pensar

É possível pensar no que quiser, inclusive no céu. O crente é cidadão do céu (Fp 3.20); destinado ao céu (Ef 1.5). Pensar no céu é recomendação escriturística (Cl 3.2).

---
[9] Morais, Nathasha Domingues de. 'Só Penso' - Maringá-Pr, 06/05/1997. Versos estampados em casas familiares.

Mas quantos lavam a louça pensando sobre o céu? Não generalizando, mas especificando pensamentos tipo: será que no céu haverá louça pra lavar? Em havendo, será que terá que lavar todos os dias, almoço e jantar? Buchinha para esfregar? Segundo o poeta popular, "a gente voa quando começa a pensar". E, ao que tudo indica, haverá comida e bebida na companhia do ressurreto Senhor. Lembre-se de que Jesus anseia pelo Seu retorno e reencontro com os escolhidos para beber novamente do fruto da videira (Mt 26.29). Além disso, Jesus comeu peixe agridoce após Sua ressurreição (Lc 24.42). Verdade que Ele ainda não havia subido, mas já se encontrava transformado. Mais ainda, Apocalipse indica que há um grupo que é chamado à ceia das bodas do Cordeiro (Ap 19.9). Esse livro profético indica também que haverá novo céu e nova terra. Consabido que a terra quando era nova, lá trás antes da queda, produzia mantimentos para subsistência da criatura. Portanto, tudo indica que haverá comidinha e bebidinha na nova terra. Sendo assim, provavelmente serão servidas em algum recipiente, ouro, prata, porcelana fina, descartáveis ou não, não importa. No entanto, é possível lavar a louça do aqui e agora pensando sobre como será o céu.

Não se trata de pensamento inconveniente. Não se pensa de si mesmo (Rm 12.3). Pensa-se sobre o céu como concidadão dos santos (Ef 2.19). A propósito, comigo aconteceu de, levantando mais animado e percebendo que a pia da cozinha continha louça suja, lavei tudo. De quebra, pode ser que uma coisa puxe a outra, aproveite-se pra pôr a roupa na máquina de lavar. Consequência imediata será estender a roupa no varal para secar e pegar uma corzinha no rosto. Ainda que ridículo, parvo, comportamentos assim preenchem o cotidiano de muitas pessoas de vidas simples as quais têm muita esperança de vida no céu. Ainda que apoucado de vida social intensa, fazem coisas simples assim pensando sobre o céu; animadas, com a mente em Cristo e em Sua iminente volta, cantando o prazer de ter Jesus no coração. É o aqui e o agora pensando sobre o céu. Diz o hino cristão[10]:

---

[10] Hinário Novo Cântico - hino n. 102.

"Bem pouco importa eu habitar, em alto monte, à beira mar, em casa ou gruta, boa ou ruim, é céu ali, com Cristo em mim".

Pensar sobre o céu em qualquer circunstância da vida glorifica a Cristo. "Quer comais, quer bebais ou façais outra coisa qualquer, fazei tudo para a glória de Deus (1 Co 10.31); todo o procedimento precisa ser santificado (1 Pe 1.15). Seja batendo prato e fazendo espuma detergenciástica, seja cuidando de crianças ou examinando algo, seja debruçado sobre uma planilha, viabilizando um projeto, ou preparando uma aula, tudo o que me diga respeito glorifica a Cristo e santifica a igreja. Meditar na Palavra de Cristo, orar e suplicar são glorificações óbvias para o crente. O crente em Cristo não vive nas nuvens dissociado da vida comum e mortal. Ele vive na terra, onde come pão e desenvolve ações de graça que trafegam no plano horizontal onde há encontros e desencontros, onde existe dor e alívio, onde medra desespero e esperança, onde há razão e emoção. Qualquer que seja a atividade desenvolvida no cotidiano envolve o uso da mente. Tendo a mente de Cristo (1 Co 2.16), é preciso que ela esteja constantemente sendo despertada, como diz o apóstolo Pedro (2 Pe 3.1): "[...], procuro despertar com lembranças a vossa mente esclarecida [...]". Paulo também recomenda que se tenha "opinião bem definida em sua própria mente. Quem distingue entre dia e dia para o Senhor o faz, e quem come para o Senhor come, porque dá graças a Deus [...]. Porque, se vivemos, para o Senhor vivemos; se morremos, para o Senhor morremos. Quer, pois, vivamos ou morramos, somos do Senhor. Foi precisamente para esse fim que Cristo morreu e ressurgiu: para ser Senhor tanto de mortos como de vivos" (Rm 14.5-9).

Então, nessas horas perceba que o Senhor Jesus ama você, o Senhor Jesus ama os de sua casa, o Senhor Jesus ama vê-la com uma mente posta em Cristo e antevendo o grande encontro.

PASSAPORTE CELESTIAL VISTADO A CADA MANHÃ

Então! A condição de cidadania celeste deve estar presente em todo ser, seja físico, anímico e espiritual.

Cidadania em termos civis significa o conjunto dos direitos e os deveres que uma pessoa possui no âmbito do seu país de origem. É certo que ser cidadão em pleno gozo dos seus direitos civis tem suas vantagens. Na era da Igreja Primitiva, no mundo sob domínio do Império Romano, ser cidadão romano distinguia a pessoa e a fazia experimentar tratamento privilegiado. Não era sem motivo que estrangeiros buscavam obter a cidadania romana, às vezes, (quase sempre) pagando por ela elevadas quantias.

Modernamente, o surgimento da União Europeia, bloco integrado por vários países ultradesenvolvidos, fez despertar nos brasileiros angustiosa busca de provas do seu vínculo familiar ou de sua ascendência europeia, para obterem a cidadania italiana, espanhola etc., e assim usufruírem deste status junto aos países que assinam aquele tratado. De outro lado, os que clandestinamente vão trabalhar nos Estados Unidos esforçam-se ao máximo para se enquadrarem nas exigências legais norte-americanas e obterem o desejado *greencard*, visto que garante permanência no país e confere ao seu portador os direitos de um americano do norte. Ao fim e ao cabo, o que o estrangeiro pretende é se equiparar a um cidadão do lugar e desfrutar de benefícios inerentes. Essas atitudes encontram justificativas diante das expectativas de condições de vida melhores que a que experimentam no país natal. Lógico que, para um país menos interessante, não existem revoadas.

As Escrituras confirmam a existência de um reino novo que se instalou na terra com a vinda do Senhor Jesus. Chegou com o fim de conceder cidadania celeste a homens e mulheres que precisam experimentar uma vida melhor, incomparável com qualquer outra, uma vida que nenhum poderosíssimo bloco de países hiperdesenvolvidos pode oferecer aos seus cidadãos, porque o reino do Senhor Jesus oferece aos seus cidadãos a vida em Deus, a vida eterna de Deus, a abundantíssima vida que Jesus Cristo concede aos que por Ele são contemplados com a cidadania celeste. Nisso, Ele empenha Sua palavra: "Não temais, ó pequenino rebanho; porque o vosso Pai se agradou em dar-vos o seu reino" (Lc 12.32). É do agrado de Deus dar ao rebanho de Cristo o direito de serem participantes do Seu reino. E mais, decreta que participar do reino de Deus é algo que Ele mesmo concede, e não algo que o homem consiga por força própria. Mediante essa soberana decisão Jesus levou seus discípulos a pensarem no reino que ao Pai agradou dar-lhes. Por pensarem mais no reino de Deus e nos benefícios de serem dele participantes, seria suficiente para poupá-los da ansiedade e das preocupações que são próprias das influências daqueles que têm no mundo a única razão de viver. Verdadeiramente, a pessoa que se torna cidadã do reino de Deus tem motivos maiores e melhores para viver no contexto dos reinos passageiros deste mundo, pois está certa de que integra um reino que é eterno, que, por estar sustentado por Deus, não será jamais destruído. Foi assim, cheio de emoção, que o escritor de Hebreus escreveu: "Por isso, recebendo nós um reino inabalável, retenhamos a graça, pela qual sirvamos a Deus de modo agradável, com reverência e santo temor" (12.28).

Saficientíssima que sonha com o Reino de Deus, que nele põe suas expectativas e conhece seus fundamentos encontra razão e força para vencer as ansiedades próprias da vida humana. Por isso, Jesus se ocupou em dar a conhecer a todos aqueles que já experimentaram que Ele é bondoso, que o que Ele fez foi para confortá-la com Sua cura, Sua libertação, Seu perdão pelos pecados. Essas são as marcas de carimbo contidas nas folhas internas do passaporte do cidadão do céu.

A VERDADE DÓI E DOA

O registro no evangelho de Mateus 11.12 descortina deslumbrante quadro: Jesus honrando a João Batista. Não apenas o equipara, como o coloca acima dos principais profetas (Mt 11.9). Para afirmar isso (Mt 11.12), o Senhor emite um som ribomboroso. Ele diz que, na companhia dos profetas, João Batista ocupou única cadeira (Mt 11.11). Pode-se pensar que João Batista estava com um pé na antiga e o outro na nova aliança. Ele era eminente na dignidade de seu ofício e perspicaz na doutrina que cria. Não "era fraco", apesar da fase na base de gafanhotos e mel. Foi morto denunciando uma imoralidade social e legal: o acasalamento de Herodes com Herodias (Mt 14.4).

A pregação de João Batista atingia as consciências dos homens. Convencia-os sobre seus pecados. Sua voz soava como um *trompet*. Pregava com poder a doutrina do arrependimento (Mt 3.2), fazendo com que homens procurassem com diligência o reino dos céus (Mt 3.5-6). Não pregava para agradar. Aos fariseus e saduceus que compareciam aos batismos, dizia: "raça de víboras, [...]? Produzi, pois, fruto digno do arrependimento" (Mt 3.7-8). Era assim que pregava. Curioso que, por essa razão, homens sentiam-se compelidos a procurarem o reino dos céus.

Nesse ensaio gospel palestinal de instruções ao povo (v. 7), Jesus diz que: "O reino dos céus é tomado por esforço, e os que se esforçam se apoderam dele".

Fatiemos esse maná instrutivo em duas fatias:

(1) "O Reino dos céus". Essa forma de se expressar era e é sumamente adequada porque cativa os pensamentos. Encaminha o pensamento sobre o lugar de onde Deus revela sua glória e perfeição. No reino governa um Rei. Ora, se o Rei é alguém que concentra toda a glória do céu em si mesmo, como deve ser Seu reino? Assim, Jesus inquietava as mentes chamando atenção para o caráter de absoluta perfeição e magnificência que está ínsito nessa nova ordem das coisas, o reino futuro que eles criam e esperavam fiados na profecia de Daniel (Dn 7.18). Como Deus governa sobre todas as coisas por intermédio de Cristo (Mt 28.18), essa palavra de Jesus revela um sentido profundo e grave porque indica que o reino dos céus não inclui todas as pessoas. E é verdade (Mt 5.3-10; 7.21). Nem todos aqueles que pensam que entrarão no reino dos céus entrarão de fato. Muitos serão excluídos. Jesus adverte: "Este povo me honra com os lábios, mas o seu coração está longe de mim" (Mt 15.8). Portanto, esse reino futuro, com total libertação da malignidade que acompanha homens e mulheres, é somente para um grupo. Jesus faz visualizar o que significa entrar no reino. Observe o contraste: "ENTRAR NA VIDA" com "SER LANÇADO NO INFERNO" (Mt 18.9); "ENTRAR NA VIDA" com "IR PARA O INFERNO, PARA O FOGO INEXTINGUÍVEL" (Mc 9.43,45). Em outras palavras: **entrar na vida** é o oposto de **entrar no inferno**.

(2) Noutra fatia do maná instrutivo, estampa-se que o Reino dos Céus "é tomado por esforço". Ir ao céu demanda esforçar-se. A expressão sugere a ideia de conquista. Conquista decorre de batalha. Batalha tem simetria, tem enfrentamentos hostis e mutilações niveladas. Tais enfrentamentos certamente são violentos já que se revelam no nível físico, das emoções e do espírito. É preciso sempre lutar contra as investidas do mundo maligno, do próprio maligno e das próprias superpotências carnais. Isso requer o uso da força física, da força emocional e da espiritual. Nessa digressão, o céu só pode ser conquistado por meio do esforço. Paulo deixou isto absolutamente claro (1Co 9.25-27).

Essa afirmativa de Jesus Cristo nos faz pensar em pelo menos dois gomos: (I) "tomado por esforço" pressupõe combater; (II) "os que se esforçam apoderam dele" supõe conquistar. A maneira de ter o céu é ganhá-lo por esforço; ou seja, ganhar o céu impõe batalhar por ele. Perceba o paradoxo: embora o céu seja dado gratuitamente, tem-se de lutar por ele. Para alcançar Aquilo que o conquistou, Paulo avançava para as coisas que diante dele estavam (Fp 3.12-16) lutando com feras (1 Co 15.32). Como a tarefa é imensa e o tempo é curto, há que se reunir toda a força da alma e lutar como se estivesse num campo de batalha para que se alcance o reino celestial, manifestando-se não apenas diligência, mas, sobretudo, esforço.

Para os atuais dias, o combate e o esforço sugeridos nesse registro bíblico parecem ter duplo significado:

(a) Esforçar em favor da verdade. Como Pilatos (autoridades, governo, universidade, academia, quais sejam os poderes físicos, midiáticos, digitais, espirituais ou carnais), o mundo quer saber a verdade. Proclamar a verdade demanda árdua batalha visto que, contra o espírito da verdade, combate o espírito do erro (1 Jo 4.6). Em substituição da verdade, apresentarão fábulas (2 Tm 4.4). Por isso, nos pessoais discursos e práticas, há que se proclamar que a verdade é a bendita Palavra de Deus e as doutrinas que dela se deduzem. Em favor dessa verdade, há que se ser violento o que significa ser advogado e mártir dela porque a verdade procede Daquele que é o Todo Poderoso: é o baluarte da igreja, é a estrela guiando a Cristo. Além de que Deus está ao lado da verdade e, mesmo não havendo temor, ela prevalecerá (1 Pe 1.25). A própria regeneração não é por meio de milagres e de revelações, mas por meio da palavra da verdade (Tg 1.18). A verdade liberta (Jo 18.32), destranca as algemas do pecado e coloca o pecador na posição de filho de Deus (Rm 8.11).

(b) O esforço santo deve ser manifesto. Há que se mostrar escancaradamente esforçado em favor da própria salvação (2 Pe 1.10); quer dizer: nutrir pensamentos a respeito dos assuntos da eternidade; um cuidado que leva a colocar mente e coração em interação com o reino dos céus.

Crentes são dutos da verdade. Dutos não podem conter obstruções. Há que ser vazantes da verdade porque essa é a missão pessoal, tornar-se cooperador da verdade é o destino (3 Jo 8). Ela deve pessoalmente fluir para irrigar os campos da SAF de uma ponta a outra, os confins. Onde quer que se esteja, com quem se esteja tratando, há que ser boca de Deus. Há que ser torrente da verdade, lá e cá. Há que se esforçar para que assim seja. Sem desânimos, sem descaimentos, sem intimidação. Há que avançar. Há que ter em mente: quando o soar da harpa não consolava a Davi, a verdade o consolou (Sl 119.50). Tantos têm sido iludidos pelo erro porque ou não conhecem, ou não amam a verdade. A verdade é o antídoto contra o erro. "Estai, pois, firmes, cingindo-vos com a verdade e vestindo-vos da couraça da justiça" (Ef 6.14).

Graças a Deus que, em Cristo Jesus, todos experimentam o poder da verdade. O Espírito da verdade ama, ama os de nossa casa, e por causa desse amor pode-se dizer que a verdade libertou e para a liberdade pessoalmente chamou.

ENFRENTANDO A MALIGNIDADE CONTANDO OS DIAS

Alguns aniversários estão sendo comemorados no dia de hoje. Um familiar, um amigo, um conhecido. Certamente algumas coisas estão sendo ditas sobre a pessoa do aniversariante. Eventuais presentes estão sendo adquiridos destinados à pessoa do aniversariante. Neste momento de "parabéns a você", aumenta a compreensão de que "navegar é preciso"[11]. E, se navegar é preciso, é oportuno refletir sobre a poética oração de Moisés retratada no Salmo 90.12: "Ensina-nos a contar os nossos dias de tal maneira que alcancemos corações sábios". Essa petição inculca a convicção de que Deus ensina o que de mais urgente e importante deve comprometer o dia do aniversário. Exatamente: **"contar os nossos dias"**. Contar os dias produz uma mente sábia. Essa é a maior precisão daquele que teme a Deus.

Essa oração esclarece que Deus conhece quantos dias restam na existência de cada pessoa. Essa oração esclarece que pode haver desperdício do tempo, significando que os dias não contados são dias não aproveitados. Essa oração esclarece que Deus possui auto-

---

[11] Expressão de Pompeu, General Romano (106-48 a. C.) — "Navigare necesse; vivere non est necesse" —dita aos marinheiros, amedrontados, que recusavam viajar durante a guerra (Plutarco, in Vida de Pompeu). Comumente, atribui-se ao poeta português Fernando Antonio Nogueira Pessoa (1.888 – 1935) no poema "Navegar é preciso; viver não é preciso".

ridade para passar lições sobre como contar os dias, iluminando o caminho e motivando Seus filhos a que progridam na direção por Ele apontada. Essa oração ainda esclarece o que quer dizer "**coração sábio**". Exatamente isso: transbordar de pleno conhecimento da Sua vontade, em toda a sabedoria e entendimento espiritual (Cl 1.9). Quer dizer: inteligência que bem resolve e bem divisa além do horizonte uma paz diferente desta vida curta e insegura, uma paz que é produzida por quem tem a vida eterna e segura. Tal certeza, somente Deus ensina a Seus filhos, porque Ele conhece plenamente o futuro como o passado (Ap 1.8).

Logicamente, entre o início e o fim da vida, há o transcurso da vida. O transcurso da vida será feliz e bem-sucedido se houver aprendizado da sabedoria que vem do alto (Tg 3.17).

A sabedoria é buscada enquanto há vida. É nessa vida que se deve andar "de modo digno do Senhor, para o seu inteiro agrado, frutificando em toda boa obra e crescendo no pleno conhecimento de Deus" (Cl 1.10). É nessa vida que o poder de Deus destrói os argumentos do homem. É nessa vida que o pensamento do alto ocupa a mente humana com a luz do Espírito Santo, luz que leva a caminhar com passos firmes e decididos pelo caminho verdadeiro, em que se experimenta os frutos da conversão a Cristo.

Alcançar coração sábio significa lutar diariamente contra os poderes do nosso adversário. Por isso, o ensinamento: contar os dias. Mesmo depois do arrependimento, a mente do crente não é totalmente liberada da insinuação satânica. O esforço do inimigo para ganhar a mente é diário, com pretensão de envolvê-la com a malignidade reinante neste mundo. Assim enganando, em vez de se contar os dias, passa os dias; em vez de alcançar corações sábios, alcança corações néscios.

Paulo, ao escrever aos crentes de Corinto, declarou: "Mas receio que, assim como a serpente enganou a Eva com a sua astúcia, assim também seja corrompida a vossa mente e se aparte da simplicidade e pureza devidas a Cristo" (2 Co 11.3). O apostolo reconhece que o deus deste mundo cega a mente dos não crentes e engana a mente dos crentes. Embora salvos, os pensamentos dos crentes permanecendo sem renovação, pois sofrem a investida incessante e violenta dos poderes das trevas. Satanás atacou a mente de Eva antes de atacá-la no coração. De igual forma, hoje os espíritos malignos atacam a mente, não o coração. O intento é corromper a simplicidade e pureza que há em Cristo.

Espíritos malignos sabem que a mente é o ponto mais fraco em todo o ser. Antes de crer, a mente serviu como fortaleza desses espíritos. Atacá-la é o caminho mais fácil na realização dos seus propósitos.

É preciso ter cuidado, aprender como repelir a malignidade existente na mente para não ser enganado e perder a soberania da vontade. É necessário resguardar-se na Santa Palavra de Deus porque ela é luz para crentes que andam nos seus dias. Essa Palavra também é ânimo e iniciativa para crentes sinceros eliminarem pensamentos impuros que levam a pecar e desviar de uma devoção sincera e pura para com Cristo.

ESTRATÉGIA NO COMBATE À MALIGNIDADE

Reconheça-se uma realidade: muitos santos em Cristo Jesus têm um coração cheio de amor, mas suas cabeças carecem totalmente de percepção. Têm intenções puras, mas os pensamentos na cabeça são confusos. Saturaram a mente mesclando tudo, mas carecendo do mais notável saturamento: discernimento espiritual. Inúmeros são os santos que amam genuinamente a comunhão da igreja, mas seus cérebros estão encharcados de equivocadas opiniões, teorias e propósitos contrários à Santa Palavra.

Pertencendo a Cristo, o reino de Deus está dentro do ser tratando internamente, governando e controlando a mente, o coração e as atitudes. Portanto, se o reino de Deus está dentro de nós, devemos viver de conformidade com as leis que governam esse reino. O Senhor Jesus morreu a fim de capacitar a viver Seu reino. A morte de Jesus tem essa finalidade: "a fim de remir-nos de toda iniquidade, e purificar para si mesmo um povo exclusivamente seu, zeloso de boas obras" (Tt 2.14). Com essas palavras Paulo quis dizer que Cristo morreu para que pudéssemos pôr em prática os princípios registrados na Sua palavra. Pela Sua morte foi possibilitada tal realização.

Pôr em prática os princípios registrados na sacra Palavra implica a absoluta necessidade do novo nascimento, na necessidade de o

Espírito Santo sanear o íntimo do ser capacitando-o para realização de práticas amorosas, práticas de misericórdia, de hospitalidade, de cordialidade, de conciliação e perdão. O pecado é ação que exerce um efeito perturbador e desorganizador no equilíbrio normal do ser existencial, bem assim no funcionamento normal de suas qualidades de ser humano. A regeneração pelo poder do evangelho capacita para realização daquelas práticas amorosas.

Levemos em conta o registro de Provérbios 4.23: "sobre tudo o que se deve guardar, guarda o coração, porque dele procedem as fontes da vida". Coração significa mente. Considerando que a salvação em Cristo é desenvolvida pela renovação da mente (Rm 12.2) e que o Senhor fez imprimir suas leis na mente humana (Hb 8.10), é certo cogitar que o mais elevado dote natural que Deus concedeu ao homem é sua mentalidade, a capacidade de pensar e raciocinar. Assim o homem foi criado, e é assim que se espera que ele funcione, sendo governado e controlado pelo seu entendimento. Por isso, Jesus impõe aos seus discípulos esse nobre ensinamento (Mt 6.22-23): "são os olhos a lâmpada do corpo. Se os teus olhos forem bons, todo o teu corpo será luminoso; se porém, os teus olhos forem maus, todo o teu corpo estará em trevas". Significa que a luz do corpo é a mente, a compreensão. Se em resultado do pecado e do mal, e por causa do controle exercido sobre o coração, essa capacitação suprema for pervertida, diz o Senhor: "que grandes trevas serão!".

É exatamente isso que o Salmo 90.12 recomenda. Sucessivamente, contar os dias, examinar os dias, discernir os dias, para ter uma mente sábia que resiste ao erro, uma mente que não se assusta com as investidas do inimigo, que encontra o caminho verdadeiro, que se utiliza da estratégia mais inteligente: glorificar a Deus.

Chocou a nação brasileira a notícia da decisão de um homem inteiramente preparado culturalmente que culminou com sua morte e do seu filho. Professor da Universidade de São Paulo, doutor em direito, com problemas familiares decide pôr fim à sua vida e à do seu filho, deixando a seguinte carta publicada num grande jornal:

"Aos meus amigos, em primeiro lugar, saibam que estou muito bem e que a decisão foi fruto de cuidadosa reflexão e ponderação. Na vida, temos prioridades. E a minha sempre foi meu filho, acima de qualquer outra coisa, título ou cargo. Diante das condições postas pela mãe e pela família dela e de todo o ocorrido, ele não era e nem seria feliz. Dividido, longe do pai (por vontade da mãe), não se sentia bem na casa da mãe, onde era reprimido inclusive pelo irmão da mãe bêbado e agressivo, fica constrangido toda vez que falavam mal do pai, a mãe tentando afastar o filho do pai etc. A mãe teve coragem até de não autorizar a viagem do filho para a Disney com o pai, privando o filho do presente de aniversário com o qual ele já sonhava, para conhecer de perto o fantástico lugar sobre o qual os colegas de escola falavam. No futuro, todas as datas comemorativas seriam de tristeza para ele, por não poder comemorar junto com pai e mãe, em razão da intransigência materna. Não coloquei meu filho no mundo para ficar longe dele e para que ele sofresse. Se errei, é hora de corrigir o erro, abreviando-lhe o sofrimento. Infelizmente, de todas as alternativas, foi a que me restou. É a menos ruim. E pode ser resumida na maior demonstração de amor de um pai pelo filho. Agora teremos liberdade, paz e poderei cuidar bem do filho. Fiquem com Deus!"

Com todo respeito à honra alheia, essa carta de despedida contém profunda lição: dias que não trouxeram lição sábia ao coração. Um sentimento de vingança significa dias desperdiçados, dias mal orientados porque não houve busca de instrução do Senhor.

IRRIGATIVA, REVITALIZATIVA

É bonito de ver o trabalhar da SAF. Ela gira irrigando vidas, localizando cristãos eleitos, cultivando no chão das boas obras, sustentando obreiros cristãos, socorrendo doentes da alma, promovendo o ensino bíblico e carimbando o seu papel de congregar santos em Cristo. É rara a semeadura saficientíssima que não resulta em fecundação de filhos de Deus, ou revitaliza a chama do evangelho pelos rincões de nosso chão.

Contudo, não sejamos daqueles que esperam acontecer. Sonora toada de Geraldo Vandré[12]: "Quem sabe faz a hora; não espera acontecer"[13]. Não esperemos acontecer! É que não basta ser pioneira na evangelização do Brasil; é preciso avançar, insistir em se envolver sacrificialmente. Figurativamente, queimar o colesterol na alma, articular joelhos e cotovelos, curvar o pescoço, clamar e proclamar continuamente, para que o desânimo não galgue degraus. Avançar é um brado em busca de eco. Lembremos que a toda e qualquer circunstância que ronde nosso ânimo é preciso ativar o comando da palavra de Jesus: "Tende bom ânimo [...]". O entusiasmo divino é necessário porque toda e qualquer realização positiva na vida requer esforço.

---

[12] Vandré, Geraldo. Cantor e compositor brasileiro.
[13] *Caminhando*. Canção composta por Geraldo Vandré, 1979.

A realização cristã positiva demanda esforço, por isso a Bíblia explana ensinamentos claros sobre andarmos com bom ânimo na terrena vida cristã e indica luminosamente que corações serão renovados se mentes insistirem-se produtivas. Mente renovada renova a pulsação da vontade que, em algum grau, agita vasos sanguíneos que afetam os sistemas do organismo que comanda humor, desejos, ambições e tudo o mais que nos faz avançar para dentro do pleito. O coração alegre (renovado) se constitui em bom remédio (Pv 17.22) e a alegria no coração advém de conhecimento do supremo propósito de Deus na obra de Cristo. Daí dizer-se que o coração alegre é a consequência de uma mente que se renova. Renova-se em Cristo que, de forma misteriosa, anima a vida.

As santas escrituras enfatizam que devemos "ser transformados pela renovação da nossa mente" (Rm 12.2)[14]. Os sistemas do mundo tanto podem comunicar ideias como podem tirá-las de nossa mente, a exemplo do que ocorreu na situação descrita no evangelho de João, 13.2[15] e no evangelho de Lucas, 8.12[16], as quais confirmam que o inimigo pode retirar palavra que a mente deveria lembrar e faz com que se esqueça de tudo na medida em que a cômoda desenvoltura da salvação conforma-a ao mundo possibilitando orações de formato mecânico que obstam o frescor da graça de Deus, emboloram neurônios e deformam os vislumbres que devemos ter da glória de Deus. Então, se aos crentes é determinado desenvolver a salvação com temor e tremor (Fp 2.12)[17], na mesma medida nossa vida precisa ser conduzida por meio de uma mente dinamicamente renovável (Rm 12.2).

---

[14] "[...] E não vos conformeis com este século, mas transformai-vos pela renovação da vossa mente, para que experimenteis qual seja a boa, agradável e perfeita vontade de Deus".

[15] "[...] durante a ceia, tendo já o Diabo posto no coração de Judas Iscariotes, filho de Simão, que traísse a Jesus ...".

[16] "[...] a que caiu à beira do caminho são os que a ouviram; vem, a seguir, o Diabo e arrebata-lhes do coração a palavra, para não suceder que, crendo, sejam salvos".

[17] " ... Assim, pois, amados meus, como sempre obedecestes, não só na minha presença, porém, muito mais agora, na minha ausência, desenvolvei a vossa salvação com temor e tremor".

Saficientíssimas, em desafio ao impossível, viabilizem a participação nesse especial serviço, encarnem essa oportunidade, cumpram o papel de líder presbiteriana motivando sua causa no temor de Cristo. Façam um esforço enorme para irem e encaminharem outras. Certamente será difícil a plena realização desse chamado em razão de vários fatores (tempo, saúde, compromissos e tanto mais), o que é plenamente sensível e compreensível, mas, se necessário e possível, sacrifiquem algum dos compromissos e se postem na fileira que será de bênção e de despertar. Possa o Senhor abençoar com a Sua presença e honrar pelo esforço, tornando factíveis os passos do amor!

O AMOR IMPULSIONA ESPERANÇAS

Região sul do Brasil. Inverno preste a se instalar. Ares mais frios são soprados. O tempo voa. Importa à vida que individualmente todo tempo é sempre tempo de chuviscar amor, na medida em que nos governa o registro de Romanos, capítulo 13, versículos de 8 a 10[18]. Assim importa agir em relação ao que está próximo. A vida cristã não é meramente uma filosofia de vida, uma maneira ou um estilo de viver a vida. A vida cristã tem as raízes fincadas em fatos históricos concretos, quais sejam: encarnação, vida, morte e ressurreição do Redentor Jesus Cristo. Toda a fé do crente depende dessa verdade. Exsurge disso que a essência da vida cristã é escatológica, isto é, aponta para o futuro, aponta para a ressurreição do corpo, condição esta que é aguardada pelo crente à luz das promessas de Deus em Cristo Jesus.

Diante dessa compreensão e porque a vida continua, para bem viver a vida cristã, é salutar observar uma regra de conduta básica conforme lições do apóstolo Paulo (Rm 13.8-10). Trata-se de uma

---

[18] "A ninguém fiqueis devendo cousa alguma, exceto o amor com que vos ameis uns aos outros; pois quem ama o próximo tem cumprido a lei. Pois isto: não adulterarás, não matarás, não roubarás, não cobiçarás, e, se há qualquer outro mandamento, tudo nesta palavra se resume: Amarás o teu próximo como a ti mesmo. O amor não pratica mal contra o próximo; de sorte que o cumprimento da lei é o amor".

questão bem prática para viver bem enquanto se aguarda a gloriosa vinda deste Redentor.

O apóstolo enfoca uma condição de vida cristã vitoriosa que diz respeito especialmente ao cotidiano, aos desejos e deveres daqueles que creem, sem que se exclua a sociedade em geral. Ele é enfático em fazer inferência da salvação em Cristo no sentido de que os que creem em Cristo passem a viver de modo digno da fé que lhe foi comunicada pela obra regeneradora do Espírito Santo aos seus corações. Devem fazer isso apresentando seus corpos como sacrifício vivo e agradável a Deus, servindo-o com os dons espirituais que Ele mesmo concede, sabendo que tudo que o crente tem e é recebe da parte do Senhor Jesus, notadamente quando a salvação vai se aproximando mais e mais da promoção para a glória, isto é, para o encontro glorioso com Cristo. Corpos como sacrifício vivo e agradável a Deus significa envolver-se socialmente exalando princípios da vida cristã. Tal pensamento, à luz da palavra de Deus, serve a encorajar viver mais intensamente de acordo com a vontade de Deus.

Nesses versos bíblicos, o apóstolo mapeia instruções práticas para o desenvolvimento da vida cristã à luz dessa esperança de completude da comum salvação que se aproxima. "A ninguém fiqueis devendo coisa alguma, exceto o amor com que vos ameis uns aos outros; pois quem ama o próximo tem cumprido a lei" (Rm 13.8). Sinaliza-se nessa instrução um princípio de caráter geral que deve nortear a conduta do crente nesta vida. Esse princípio é colocado de uma forma superinteressante: é apresentado como uma dívida que o crente possui e que nunca será satisfeita, jamais será liquidada. Superinteressante na medida em que, no verso 7 do capítulo 13, observa-se o apóstolo conclamando a todos a que paguem as suas dívidas: "pagai a todos o que lhes é devido: a quem tributo, tributo; a quem imposto, imposto; a quem respeito, respeito; a quem honra, honra". Exatamente após dizer para pagar a todos o que lhes é devido, Paulo apresenta esse princípio do amor ao próximo como sendo uma dívida impagável. Infere-se: amor é dívida!

Paulo recomenda que o crente fique devendo amor porque a dívida mais excelente e benfazeja que um devedor pode possuir é a dívida do amor. Ora, o Amor constrange à reciprocidade em amar; o amor derruba muros que separam as pessoas nos seus relacionamentos; o amor apazigua; o amor tudo supera; o amor une; "o amor é o calor que aquece a alma; o amor tem sabor pra quem bebe a sua água"[19]; o amor promove o anseio estancado no peito do nosso Senhor Jesus que foi versado nas seguintes palavras: "amai-vos uns aos outros como eu vos amei".

Segue-se, pois, que, nos seus relacionamentos, o crente deve refletir o amor de Deus. Essa reflexão que gera fluido, impulsiona, movimenta e promove atração não importando a dimensão. Sendo sempre devedor dessa espécie de moeda (amor), tal dívida levará o crente a uma postura de respeito e dignidade ao semelhante a ponto de culminar com uma repercussão milagrosa nos seus relacionamentos que se perfaz na realização fática do grupo de mandamentos que se referem ao próximo. Perceba que o apóstolo ilustra como ação de cumprimento do amor ao próximo lembrando a lei: "não adulterarás, [...], e, se há qualquer mandamento, tudo nesta palavra se resume: Amarás o teu próximo como a ti mesmo" (v. 10). De sorte que o cumprimento da lei dá-se pelo amor. Se quiser cumprir o espírito da lei, há uma regra básica: amar ao próximo; não fazer aos outros aquilo que gostaria não se fizesse a si. Princípio básico, pois é fundamental para a vida e os relacionamentos.

É difícil, ponderar-se-ia. A natureza caída cotidianamente impõe às pessoas, e evidentemente aos crentes, uma conduta egoísta que, em linhas gerais, tem em vista o próprio umbigo e àquilo que lhe diz respeito. Porém, é preciso diariamente buscar inverter esse processo e aplicar-se no cumprimento do propósito de Deus para seus filhos. O apóstolo Paulo insiste nisso quando verbaliza a inspiração do capítulo 12 de Romanos: roga aos crentes a não se conformarem

---

[19] Jota Quest. Banda brasileira de Pop Rock. Música: "Do seu lado".

com este século, mas a se transformarem pela renovação da mente e assim experimentarem a tríade benevolência da vontade de Deus: boa, agradável e perfeita. Ele efetivamente está dizendo: passem por uma mudança profunda e permanente na renovação das suas mentes a ponto de apenas o Espírito de Deus poder operar em vocês. "A transformação interior da mente é a única defesa efetiva contra a conformidade exterior com o espírito do tempo presente"[20]. Portanto, o propósito dessa renovação da mente é que os crentes sejam capazes de testar e aprovar na prática aquilo que é a vontade de Deus.

Paulo, no capítulo 12, imprime vários passos para pôr em prática e assim desenvolver modificação, passo a passo, dessa natureza terreal e contemplar espontâneos chuviscos de amor sobre o próximo. Observe meditando:"[...] não pense de si mesmo além do que convém; antes, pense com moderação, segundo a medida da fé que Deus repartiu a cada um; observe meditando: o amor seja sem hipocrisia. Detestai o mal, apegando-vos ao bem. Amai-vos cordialmente uns aos outros com amor fraternal, preferindo-vos em honra uns aos outros. Sede fervorosos de espírito, servindo ao Senhor. [...]. Compartilhai as necessidades dos santos; praticai a hospitalidade [...]. esforçai-vos por fazer o bem perante todos os homens [...].

Esses passos proporcionarão uma melhor qualidade de vida cristã, e quem os pratica será achado em Cristo quando do glorioso encontro com Ele, realizando assim o desejo do Seu coração: amar como Cristo amou.

---

[20] Wilson. Geoffrey B. Romanos. Ed. PES.

QUE DIA MAGNÍFICO!

Pense num momento aprazível! Quem sabe, um sorvete recém fabricado, com derramada cobertura de caramelo fissurando sua superfície. Presentemente emoções saltitam. Dia de céu azul clarinho com sol frondoso cujos abolinados raios não tão quentes ziguezagueiam o humor errante. Convite a colher vitamina D. Então, sob o sol parecido como o da Toscana, que aquece o corpo e faz aflorar os pensamentos, reportam-se às irmãs da SAF da Igreja Presbiteriana do Brasil. Como estaria passando cada uma das mulheres que compõem essa Sociedade em cada canto nessa vastidão do presbiterianismo brasileiro neste momento? Será que estão tendo um dia magnífico? Será que estão sendo aquecidas com os bons pensamentos que mais fazem aproximar-se umas às outras?

Bons pensamentos nos fazem lembrar de tantas coisas que se acometem, as quais servem no particular trato para com a vida, no amadurecimento da fé e da esperança, que forjam caráter para o momento atual. Bons pensamentos despertam saudades dos dias vivenciados, principalmente em comunhão cristã e na comunhão de familiares e amigos, por isso é importante buscar na memória a lembrança de que os dias transcorrem consoante a batuta do Senhor já que cada hoje é um dia que o Senhor fez, embora vivenciem-se circunstância desfavorável ao particular bem-estar. O hoje não escapa ao controle do Senhor, não O surpreende porque Ele tem cuidado dos dias de cada um, exatamente como confirma o apóstolo Pedro: "[…] lançando sobre ele toda a vossa ansiedade, porque ele tem cuidado de vós" (1 Pe 5.7). Então, sendo hoje o dia que o Senhor fez, regozijemo-nos e alegremo-nos n'Ele (Sl 118.24)[21].

Regozijar-se e alegrar-se de que maneira? Trazendo à mente o que exatamente revela o verso 14, do Salmo 118: "O Senhor é a minha força e o meu cântico, porque ele me salvou". Conveniente que se pronuncie isso, que se assobie isso, que se caminhe com isso, falando e cantando. Certamente as circunstâncias da vida sofrerão outra medida no trato, outro exame, outro julgamento, outro entendimento que conduzirá a uma renovação da esperança e da harmonia na alma. Exatamente no dia que o Senhor fez, é possível acender ternuras que há muito andaram apagadas, despertar canções alegres, revigorar a fé e a confiança no amor de Deus. Graças a Deus que em Cristo Jesus se pode experimentar a alegria de crer em Deus e, assim, desenvolver a fé que impacta a individualidade, os comuns da casa e aos amigos de casa.

---

[21] "Este é o dia que o Senhor fez: regozijemo-nos e alegremo-nos nele".

QUE GARRA!

Mulheres presbiterianas trabalham muito. Essas mulheres animam o trabalho presbiteriano e fazem produzir 12 cestos cheios. Como são dinâmicas, amorosas e cheias de discernimento! Vivem tantos momentos preciosos diante de Deus com horas e horas de labor cristão, oração e orações, evangelização, cultos, visitação, cotidianos enfrentamentos nos vários níveis da vida, inclusive a perecimentos. A despeito de tudo, combatem no *front* cristão da grande guerra contra o desânimo e a conformação com este mundo onde a igreja é estabelecida como noiva de Cristo.

Enquanto o bem brasileiro Chico Buarque de Holanda subliminarmente chamava atenção nos idos de 1976 para o "mirem-se no exemplo daquelas mulheres de Atenas", em cuidada crítica social e política ao *establishment* da época; SAF, antes dele, proclamava nos rincões brasileiros que se mirasse no exemplo de uma mulher referida na Bíblia, conhecida como Débora. Essa portentosa figura reconhecida pelo nome do marido (Lapidote) mais se agiganta diante da descrição bem elaborada em Juízes, capítulo 4, e da sua magistral conduta como pessoa e como mulher. Sem forçar a barra, Débora agia como saficientíssima ao assentar-se debaixo das palmeiras entre Rama e Betel, nas montanhas de Efraim (Jz 4.5). Que charme! Que criatividade! Próprio das saficientíssimas de todos os tempos. O povo subia a ela a fim de ser ouvido e julgado.

Revestida de um brio de mãe em Israel (Jz 5.7), Débora não desenvolveu entre os juízes a função militar. Pautou-se como mulher no desenvolvimento competente de sua vocação. Diferentemente dos outros juízes, não se assentava às portas das cidades (Dt 16.18), que eram um referencial de autoridade localizada. Ela assentava-se debaixo das palmeiras, ao ar livre, fora da cidade, não restrita apenas ao povo local, mas territorial: "[...] os filhos de Israel subiam a ela a juízo" (Jz 4.5).

Na leitura do livro de Juízes, percebe-se que se está diante de uma mulher que exerceu notável liderança numa época em que os filhos de Israel comportavam-se de forma abominável aos olhos do Senhor. Consecutivas vezes se localizam nesse livro frases como: "fizeram os filhos de Israel o que era mau aos olhos do Senhor" (Jz 2.11). Menção em relação a cada um dos juízes, inclusive Débora (Jz 4.21). Culminou com um estado geral de corrupção social e espiritual (Jz 21.25): "naqueles dias não havia rei em Israel; porém cada um fazia o que parecia reto aos seus olhos". Dias de deformação extrema, de decadência familiar, de inversão de valores, degeneração profunda e asquerosa, em que a piedade em Israel havia sido removida para aquém dos parâmetros estabelecido por Deus em Sua Santa Palavra.

A figura masculina estava inutilizada. Não havia líder. Débora então convocou Baraque (Jz 4.6), que tremia de medo (Jz 4.8) e não andava sozinho; seu caráter estava desvirtuado no meio de uma decadência espiritual. Fracos por viverem em desacordo com a Palavra do Senhor, os juízes não eram procurados pelo povo, que procurava Débora. Ela então, como excelente auxiliadora e contemplando a fraqueza moral masculina, teve uma atitude conforme a revelação de Deus: encorajou Baraque a fazer o que tinha de ser feito na restauração na crença, zelo e caráter conforme determinação de Deus. Ela utilizou-se da posição outorgada por Deus para auxiliar homens na liderança que lhes pertence. Acima de tudo, foi uma mulher com a fé centrada na revelação de Deus e versada na Sua Palavra.

Vivemos uma época que lembra o período vivenciado por Débora. Nessa atmosfera de modificação dos costumes, as saficientíssimas estão cooperando à luz da Palavra de Deus, fomentando em si próprias esse espírito de auxiliadora contumaz; reconhecendo que Deus deu autoridade e responsabilidade aos homens e que cabe às mulheres o papel imprescindível de encorajar maridos e filhos a almejarem a liderança na igreja e na sociedade em que vivem. Isso não significa tornar-se tapete macio a ser pisado por líderes cabeçudos e primários. Significa compreender a revelação de Deus e realizar Sua glória. Significa compreender que o soberano Senhor pode colocar a mulher em posição de liderança, como fez com Débora, para ajudar os homens a serem os líderes que Deus quer.

Relato constrangedor para os homens? Sim e não. Há crescente número de homens ditos cristãos que não se importam com nada. Os homens dos dias de Débora não eram líderes segundo o bom propósito de Deus, por isso Deus tratou com eles e certamente tratará com os atuais que, do ponto de vista cristão, não se responsabilizam. Deus escolhe as coisas loucas do mundo para envergonhar os sábios e escolhe as coisas fracas do mundo para envergonhar as fortes (1 Co 1.26ss). Há homens atualmente que trilham o mesmo caminho dos dias de Débora. É necessário despertá-los, encorajá-los afim de que possam humildemente aceitar a revelação que Deus deu a homens. A SAF tem um papel fundamental nessa missão, talvez sua obra missionária mais eloquente, para que homens e mulheres sejam felizes e realizados para a glória de Deus. Possa o Senhor abençoá-las com a Sua presença e no desenvolvimento da fé que impacta todos que com elas se relacionam!

VALENTIA DE UM CORAÇÃO SAFICIENTÍSSIMO

Quase sesquicentenária, a SAF vibra. Imagine o quanto devia ser valente o coração das primeiras irmãs, as que fundaram a então "Associação Evangélica de Senhoras", nos idos de 1884, na cidade do Recife-PE. Óbvio que o pensamento protestante brasileiro àquela altura estava envolto no palpitar das acirradas discussões abolicionistas que resultaram na promulgação da Lei Áurea (1.888). Esse pensamento, da mesma forma, estava inserido numa sociedade monárquica tendo como modelo a família imperial (a Proclamação da República ocorreu em 1889). Vivia-se uma época em que a mulher era considerada "coisa" (o estatuto da mulher é de 1964); um Brasil império onde o número de analfabetos era superior aos alfabetizados, onde as convicções religiosas eram palmadas por beatos influentes e missiólogos (Canudos caiu em 1897), e a pobreza era em nível de miséria.

Em meio a esse borbulho social, nossas irmãs foram levantadas por Deus para organizar um trabalho feminino evangelical (a Associação era evangélica) no então solo a ser desdobrável do Brasil. Quanto devia ser valente o coração delas! Um coração equalizado e movimentado pelos ventrículos do amor e da misericórdia, um de cada lado, supervisionando o bombeamento do evangelho dentro e fora da igreja. Que admirável valentia, que tinha mais a ver com a austeridade nas pregações, com a reverência cúltica, com a portabilidade santa, do que com a visão angustiosamente desafiante, vislumbrando searas brancas.

O que aqueles femininos olhos estavam vendo? O que aqueles femininos sentidos estavam discernindo? O que aqueles apurados olfatos estavam cheirando? O que aquelas mentes auxiliadoras estavam percebendo?

Fiquemos a imaginar...

É certo que a Igreja Presbiteriana do Brasil crescia e se organizava. As pregações sobre a necessidade de arrependimento e confissão de que Cristo é o Senhor se intercalavam em diversos pontos. Pessoas se entregavam ao Senhor Jesus e com elas vinham suas necessidades humanas, suas carências sociais e os deslumbres próprios da nova vida em Cristo ("o primeiro amor"), congregações iam sendo plantadas, e o evangelicalismo se espalmava.

Assim, diante de uma seara branquinha como devia ser aquela do período imperial, é de pensar que a Sra. Carolina Smith (primeira Presidente) e suas desbravadoras companheiras tivessem consciência de seu papel como mulheres enxergando à frente de seu tempo. Fico a imaginar as lágrimas derramadas em prol da evangelização, suas intensas orações em prol das conversões a Cristo, fazendo transbordar alguma taça de incenso no céu, suas intrepidezes de mulheres enfrentando um sistema de predomínio masculino implementando uma espécie de metalurgia a fundir elos fortíssimos os quais vêm sendo utilizados nessa lustrada corrente que forma a SAF, desde 1884 até nossos dias. Iniciaram uma corrente firme, íntegra, bem segura naquele que é o Âncora da alma (Hb 6.19), que prosseguiu sendo forjada por outras ferreiras que trabalham de joelho em salas de oração, trabalham em pé nas salas de estudos e exposições das Escrituras, trabalham andando nas incansáveis visitações, nos acolhimentos de pessoas, nos afazeres sociais em que alegremente produzem lindas confecções de variados vestuários para serem encaminhados a carentes e necessitados. Tais confecções são produzidas ou costuradas pelas próprias mãos das saficientíssimas. Enfim, tudo o mais que produziram e estão produzindo fazem-no em obediência e serviço ao evangelho e para a glória de Deus.

As saficientíssimas de hoje continuam forjando elos. Dão sequência à corrente firme, íntegra e bem segura na pessoa do Senhor Jesus, o Âncora da alma. Cônscias da responsabilidade de honrar e levar adiante essa missão que atravessa séculos, certamente estão também a derramar suas lágrimas em prol da evangelização no espaço em que circulam, estão a intensificar suas orações em prol das conversões a Cristo a ponto de fazerem transbordar taça de incenso no céu. Da mesma forma, é fato que estão sendo intrépidas para enfrentarem o atual sistema maligno, que tem propagado o evangelho de satanás a filhos, irmãos e amigos.

Um bom exercício é volver os olhos ao início de tudo e percorrer o tempo de lá até aqui. Olhemos para o aqui e o agora para perceber que simplesmente a obra continua, que elos dessa fortíssima corrente continuam sendo forjados, e assim levantar os olhos para o futuro e crer que a obra continuará, para além do hoje, porque a obra é do Senhor, a obra é santa. Nem diabo nem o mundo podem apagar esse santo ardor.

Avance, pois, Sociedade Auxiliadora Feminina!

NO MÍNIMO, TRÊS RAZÕES

Mesmo nas regiões onde o trabalho cristão da Igreja Presbiteriana do Brasil é mais tímido, a SAF se faz presente; às vezes pessoalmente e quase sempre com ações evangelicais, municiando pastores missionários com bens e serviços. As mulheres presbiterianas brasileiras possuem incontáveis razões para o desenvolvimento do serviço feminino na igreja. Neste texto, é suficiente elencar pelos menos três razões; outras tantas ficam para serem exploradas nas animadas rodas inspirativas e comemorativas dessas mulheres que são milionárias em assuntos, lembranças e tudo o mais que diz respeito à vida e à SAF.

Primeira razão para o desenvolvimento do trabalho feminino: Deus prova Sua fidelidade. Ele é fiel. Diz Sua Santa Palavra que a fidelidade é parte integrante do Seu Ser. Em quaisquer dos Seus suspiros e ações, sobejam porções de fidelidade. Conjeturando, se Deus porventura sentisse cócegas, até delas se extrairia fidelidade. Sua fidelidade não corresponde às humanas emoções, independe da criatura e vai além dela (Sl 36.5)[22]. Ainda que, em relação a Ele, a criatura porte-se com infidelidade, Ele permanece fiel para com

---

[22] "A tua benignidade, Senhor, chega até os céus, até às nuvens, a tua fidelidade".

a criatura (2 Tm 2.13)[23] porque, segundo a Sua Palavra, "de maneira nenhuma Ele pode negar-se a si mesmo". Isso significa que a fidelidade integra seu Ser como os vasos sanguíneos integram o corpo humano. O ser humano não existe sem seus vasos sanguíneos, da mesma forma Deus não será Deus sem Sua fidelidade. Ele não pode negar-se a si mesmo.

O Salmo 33.4[24] confirma que "todo o seu proceder é fiel". O apóstolo Paulo proclama esse atributo de Deus aos Coríntios, dizendo: "Fiel é Deus, pelo qual fostes chamados à comunhão de seu Filho Jesus Cristo, nosso Senhor". Portanto, olhando do presente para o passado, como que percorrendo esse caminho de volta e se detendo a indagar sobreviventes ou examinando documentos, investigando testemunhos e acontecimentos, conclui-se que Deus foi fiel a tantas saficientíssimas que se pudesse contar. Fiel a ponto de, em eventual investigação do movimento saficientíssimo, saber das lutas e dores de cada ano, de cada década, de cada uma das saficientíssimas tendo um histórico de grandes batalhas contra o desânimo, a frustração, a torcida contrária, a política dúbia, o mundanismo, aqueles que lançam esfriamentos, o escândalo, o sofrimento seja de que ordem venha. Todavia, a tônica seria: Deus permaneceu fiel. Ah! Graciosa fidelidade! Dir-se-ia mais: não fora Deus, jamais seria o que se é. Ele foi continuamente refúgio e fortaleza, socorro bem presente em todas as horas, mais veementes, nas horas mais difíceis.

A segunda razão desse desenvolvimento: Deus será fiel. A partir da saficientíssima de hoje e a de amanhã, Deus será fiel. Não somente porque Ele é fiel, mas também porque prometeu que acompanhará seus com a Sua fidelidade. O Salmo 89.24 é um biotônico divino que deve estimular as células do crescimento em Deus para assim, avançar-se. Reverbera o salmo: "A minha fidelidade e a minha bondade o hão de acompanhar, e em meu nome crescerá o seu poder".

---

[23] "Se somos infiéis, ele permanece fiel, pois de maneira nenhuma pode negar-se a si mesmo".
[24] "Porque a palavra do Senhor é reta, e todo o seu proceder é fiel".

Portanto, tendo essa garantia, tendo essa palavra empenhada, esse som, percorrendo o ambiente auditivo e subjetivamente produzindo um estado de paz e de segurança tamanhas, serve a impulsionar para a vida, para o serviço, para a vitória ainda que a caminhada seja lenta e que os pés reclamem inchados e doridos.

Houve um tempo em que o filho, ao chegar e ao sair, pedia bênção ao pai, que respondia: "Deus te abençoe, meu filho". Emocionante lembrar que esse "Deus te abençoe, meu filho" ecoava na mente desde aquele momento e por muito tempo. Até hoje ecoa naqueles daquele tempo. Na minha juventude, todas as vezes que me despedia para sair em viagem, pedia a bênção ao meu pai que era concedida e me acompanhava noite adentro acalentando até pegar no sono numa poltrona de ônibus. Era como uma música gostosa que fazia dormir em paz e segurança. Modernamente se coloca no ouvido o fone que está ligado a um celular e viaja-se estrada a fora ouvindo não se sabe o quê. Assim passa-se o tempo, e se percorrem distâncias. Não havia nada disso outrora, mas o som mavioso da voz do pai percorria o sistema nervoso que sempre identificava sua voz e seu "Deus te abençoe meu filho". Era paz mais doce!

Essa é a companhia a ser experimentada. O divino companheiro do caminho não somente acompanha com sua voz ecoando nas consciências, mas também com a Sua fidelidade, Sua bondade e Seu nome. O nome que está acima de todo nome e diante do qual todo joelho se dobra, nos céus, na terra e debaixo da terra (Fp 2.9-10). Esse Nome injeta força para crescer, fazer vigorar, realizar serviços, fortalecer a saúde para estar animado, injeta alegria para festejar, esperança para crer, vontade santa para tomar decisões santas, injeta vitaminas que ampliem a visão para bem enxergar o pódio e aumentem o apetite para provar do maná especial. Provar-se-á porque se estará de braços dados, de um lado com a Fidelidade do Senhor, e de outro lado com a Bondade do Senhor.

Imagine-se andando de braços dados tendo, de um lado, a Fidelidade e, de outro, a Bondade do Senhor. Imagine-se andando, cantarolando, assobiando, a caminho da sala do banquete onde está hasteada a bandeira do amor (Ct 2.4). Ao chegar à portaria da sala do banquete, haverá a identificação pelo nome que está escrito na fronte. Imediatamente ocorrerá acesso ao ambiente do banquete porque o nome escrito na fronte é o do Senhor Jesus Cristo que proporcionou livramento das garras de satanás e condução com fidelidade e bondade até aquela festa mais maravilhosa do que possa imaginar a vã filosofia do homem. Assim será e assim se fará porque o Senhor prometeu que: "A minha fidelidade e a minha bondade hão de acompanhá-lo, e em meu nome crescerá o seu poder".

Portanto, aumentem-se o som dessas palavras no aparelho de sua vida que é seu coração. Faça-as percorrerem na sua mente de modo que alivie a sua bagagem, produza a paz de que necessita e injete nos seus músculos como se fosse um tônico muscular a ponto de fazê-la saltar e se movimentar com a mesma resposta dada por aquele paralítico que foi restaurado em Listra (At 14.8-10). Dizem as Escrituras que aquele homem, ao ouvir a determinação de Paulo: "Apruma-te direito sobre os pés! Ele saltou e andava".

A terceira razão dessa desenvoltura é que, além da fidelidade de Deus e Sua companhia, temos prazer em servir a Deus. O Salmo 119.174 diz exatamente isso: "Suspiro, Senhor, por tua salvação; a tua lei é todo o meu prazer". Interessante que o salmista não estava pensando em mera observância externa à lei. Ele passa a ideia de uma obediência que resulta em prazer, ambos originados em uma fé profundamente arraigada no Senhor. Ele amava o Senhor — suspiro, Senhor, por tua salvação — e queria ser-lhe obediente — a tua lei é todo o meu prazer. Tampouco, não era apenas uma questão de obediência que resultava em prazer, mas também uma questão de adoração. Observe, pelo telescópio do Salmo 119.147, que o primeiro pensamento que vinha à mente do salmista, quando ele acordava, era sobre o Senhor. Veja o que diz na lâmina: "Antecipo-me ao alvorecer do dia e clamo; na tua palavra, espero confiante". Devia ser uma oração fervorosa! Talvez venha daí o prazer de se envolver com Deus e seus preceitos que, segundo João, bem mais tarde fez registrar, que tais preceitos não são penosos (1 Jo 5.3)[25].

    Certa vez, num dia de calor a estalar mamonas, algumas mulheres ligadas à SAF trabalhando na cozinha desses programas de igreja local. Envolviam-se com o preparo de comidas. Riam, conversavam, andando de um lado para o outro, davam pitacos uma no serviço da outra, suspiravam, estampavam cansaço. Cozeram e serviram coisas deliciosas, como comemorar um gol marcado pelo filho. Uma situação é pura verdade: aquelas senhoras da SAF estavam em serviço no meio do povo de Deus e a serviço do soberano Senhor servindo amor, amizade, simpatia e companheirismo. Instrumentos de Deus como são consideradas, transformavam os bens e o ambiente num átrio de louvor e adoração ao Senhor. Demonstravam, em cada passo e gesto, que aquele quentíssimo canto em que se espremiam era um lugar para estar em Deus, para ser, para amar, viver, servir, para dignificar o evangelho do Senhor Jesus olhando além dos problemas e das dificuldades. Estavam ali por causa do evangelho, por causa da lei do amor, dando-se ao serviço gratuitamente. A lei do amor produzia nelas prazer em servir ao Reino de Deus beneficiando a tantos outros da fé. É de se sopesar o quanto de galardão receberão!

    Há tantas ainda que, de tão mais surpreendentes, mais realizam tais coisas e muito mais realizarão neste rincão de crentes Brasil a fora. Não são obrigadas a fazer, nem sugestionadas, a não ser os convites ao trabalho que recebem, mas o que fazem está, subjetiva e objetivamente, ligado aos preceitos de Deus, à lei de Deus que em Cristo Jesus restou assim versada: "Novo mandamento vos dou: que vos ameis uns aos outros; assim como eu vos amei, que também vos ameis uns aos outros. Nisto conhecerão todos que sois meus discípulos: se tiverdes amor uns aos outros" (Jo 13.34-35). É a lei concentrada do amor, preceito estabelecido pelo Senhor Jesus que disse: "[...].

---

[25] "Porque este é o amor de Deus: que guardemos os seus mandamentos; ora, os seus mandamentos não são penosos".

Amarás o teu próximo como a ti mesmo. Desses dois mandamentos dependem toda a lei e os Profetas" (Mt 22.37-49).

O apóstolo Paulo abre as cortinas e acende a luz deste pensamento, dizendo: "O amor não pratica o mal contra o próximo; de sorte que o cumprimento da lei é o amor" (Rm 13.10). Sendo assim as saficientíssimas encarnam a disposição do salmista antes citado, dessa forma semeiam para o Espírito Santo para colherem vida eterna e não se cansando de fazer o bem (Gl 6.8-9). Espiritualmente oportunistas como são, é certo que cumprirão o preceito registrado por Paulo: "Por isso, enquanto tivermos oportunidade, façamos o bem a todos, mas principalmente aos da família da fé" (Gl 6.10).

Mulher presbiteriana brasileira: SAF não é somente para idosas. SAF é antiga, mas não é velha. Ela sempre se apresenta de uma maneira nova porque se renova na sua existência, movimenta viço cheio de gente bonita, gente animada, que trabalha, gente encaminhando gente para a esperança. Como mães que são na grande maioria, não cerceiam aquela brisa materna que sopra em toda e qualquer situação que estejam inseridas, seja na igreja, seja em casa, seja nas departamentais, seja nos relacionamentos.

ERUPÇÃO CRISTÃ FEMININA

Engana-se quem pensa que a SAF é um canto departamental com um reboliço de plenárias e atas. A administratividade dessa Sociedade da Igreja Presbiteriana do Brasil é como alguém com seu quarto: há que arrumá-lo diariamente; não há outra saída. A SAF possui essa necessidade de papéis porque é um organismo, e cada sócia desempenha um papel administrativo significativo. É aí que mora a credibilidade.

Porém, a SAF também "amassa barro", "soca o pilão" e é "pau pra toda obra" na igreja, entre a juventude, entre os homens, no cuidado dos pastores, nas classes de ensino bíblico, nas campanhas que envolvem a pregação do evangelho, missões, orações, arrecadação e envio de donativos etc. Basta mínima percepção sobre seu trabalho para verificar que a SAF é uma espécie de erupção feminina que faz chacoalhar qualquer montanha de homens, principalmente aqueles que estão de braços cruzados, dizendo: Hã? O quê? Onde? Quem morreu? Com o trabalho que desenvolvem, as mulheres da SAF estão dizendo: "acordem homens de Deus!".

As escrituras sagradas chamam atenção, mediante o registro do apóstolo Paulo aos Romanos 13.11-14, para olhar moso tempo em que estamos vivendo. Diz que "a nossa salvação está, agora, mais perto do que quando no princípio cremos" (v. 11). Está chegando a hora do encontro com Jesus Cristo, por isso é preciso estar atento aos acontecimentos que pululam à volta. Não se deve permitir que distrações espirituais e materiais manchem a dignidade do evangelho.

A Escritura exorta: "andemos dignamente, como em pleno dia, [...]". Significa que boas obras devem ser vistas, como se pode ver na luz do dia, com clareza, com significado, com identificação que testemunham a condição de salvos e pertencentes a Jesus Cristo. Para assim andar, é preciso revestir-se do Senhor Jesus: "[...], revesti-vos do Senhor Jesus Cristo e nada disponhais para a carne no tocante às suas concupiscências".

Assim, todas as manhãs, ao vestir-se para começar o dia, mais uma coisa precisa ser feita: revestir-se do Senhor Jesus. Certamente o dia ostentará toda a dignidade que o evangelho requer de cada um. Portanto, mulheres e homens, é hora de despertarem para desenvolverem desejos pela comunhão da igreja, diligenciarem para eliminar pensamentos impuros que levam a pecar. Existem casos de corações cheios de amor enquanto as cabeças carecem totalmente de percepção. Daí a candente oração intercessória do apóstolo Paulo pelos crentes efésios: "para que o Deus de nosso Senhor Jesus Cristo, o pai da glória, vos conceda espírito de sabedoria e de revelação no pleno conhecimento dele, iluminados os olhos do vosso coração, para saberdes qual é a esperança do seu chamamento, qual a glória da sua herança nos santos e qual a suprema grandeza do seu poder para com os que cremos, segundo a eficácia da força do seu poder" (Ef 1.17-19).

Há que se rogar a Jesus Cristo que revista Seus escolhidos com toda a dignidade do evangelho para viverem dia a dia vitoriosamente e para Sua glória.

PISCADELA DE AMOR PRODUZ BOM HUMOR

É preciso manifestar sempre, e cada vez mais com entusiasmo, gratidão ao Senhor Jesus Cristo pela tão grande salvação que proporcionou. Todos, de alguma forma e em algum grau, têm sido abençoados semelhantemente o estilo de vida que perpassava nos crentes tessalonicenses (1 Ts 4.9-12). O apóstolo Paulo elogiava a conduta daquelas pessoas. Focando o texto sacro, percebe-se Ele parabenizando-os haja vista a resposta positiva deles ao chamado para viverem a vida em Cristo de forma que escancaravam dignidade, estampavam a beleza de Cristo, andavam em triunfo e, onde passavam, eram lidos como cartas que melhoravam o humor de quem lia.

Cartas, de quando em vez, pioram o humor do dia. Tem umas que, assim que olhamos no envelope, já sabemos o conteúdo: multa de trânsito!! Quando chegam, fixando os olhos, no íntimo já se inicia um movimento de esmagamento.

Há cartas que, ao serem recebidas, melhoram o humor. Abre-se depressa em busca do conteúdo, que eventualmente envolve familiares, resultados de alguma iniciativa ou busca de alguma outra situação que produza um sentimento de expectativa que, ao fim e ao cabo, produza boa alteração no ânimo. Alegria, tristeza, pesar ou expectação movimentam oscilando o humor. Não é todo dia que o azul do mar invade a alma com ondas de sensação de bem estar. "Tem dias que a gente se sente como quem partiu ou morreu, a gente estancou de repente [...]"[26]. É que as sensações do dia trabalham a alma, alteram o humor. A irritação, o transtorno, a intolerância e a tepemização social encarregam-se de produzir a má alteração do humor.

No caso da comparação com os tessalonicenses, chama atenção o fato de que eles estavam sendo como cartas que ao serem lidas, produziam bom humor. Certamente o comportamento deles despertava bons sentimentos nas pessoas, fazendo-as modificarem a conduta para um viver emocional menos desgastante, mais aplausível, mais confortante emocionalmente, mais leve, mais solto, mais delta. O apóstolo Paulo aplaude aqueles crentes porque estavam tendo uma conduta coerente com o ensinamento do evangelho, estavam respondendo positivamente à pregação do evangelho.

Há certeza nessa afirmação porque eles estavam influenciando as pessoas com toques de amor. Nada mais suficiente, refrescante e animador para uma pessoa do que um toque de amor nela, seja em que dimensão for, seja em que expressão for: de um simples olhar a um cruzeiro pelo mar. Seja qual for a expressão: o toque de amor melhora o humor.

Era isso que eles estavam fazendo. O apóstolo Paulo foi testemunha dessa conduta. Registrou: "no tocante ao amor fraternal, não há necessidade de que eu vos escreva" (v. 9). Vocês são ensinados na sala do trono, pelo mestre dos mestres, o próprio Deus, e têm sido alunos exemplares. Paulo diz: eu sou testemunha de que vocês praticam o que aprendem. "Na verdade estais praticando isso mesmo para com todos os irmãos em toda a Macedônia" (v. 10).

Paulo os anima ainda mais, rogando-lhes que progridam cada vez mais (v. 10) no amor fraternal; pra que eles continuem tocando as pessoas com toque de amor, com comentário de amor, com gesto de amor, com olhar de amor. Curioso que uma piscadinha de amor produz

---

[26] Hollanda, Chico Buarque de. Roda Viva, 1968.

bom humor. Atitudes assim produzem bom humor. Paulo está ensinando: que haja progresso no amor fraternal. É certo que, para haver progresso no amor fraternal, que é o relacionamento social dentro e fora da igreja, é preciso diligenciar e trabalhar com as próprias mãos (v. 11). É preciso querer fazer, tendo por motivação o ensinamento que sai da sala do trono e da boca do próprio Deus, exatamente porque uma atitude de amor é um ato de obediência; um gesto de amor é a prática que vem da compreensão de um ensino. Portanto, é preciso diligenciar, cuidar e trabalhar. Esses três verbos formam esse delta que produz equilíbrio nos relacionamentos e ângulos pelos quais se movimentam os canais da comunicação de vida.

VIVER SAFICIENTISSIMAMENTE É VIVER SACRIFICIALMENTE

É certo que a SAF da Igreja Presbiteriana do Brasil, no transcurso dos seus 140 anos de existência ativa, experimenta, em todos os sentidos, a confiança em Deus e a prova de que Ele é bondoso (1 Pe 2.3)[27]. Deus conhece cada pessoa nos mínimos detalhes. Ele conhece o mais secreto do coração, Ele sonda todos os pensamentos e sabe de cada detalhe da existência de cada pessoa (Sl 139.1-6)[28]. Os fios de cabelo que cairão das cabeças e aqueles que serão embranquecidos no transcurso dos anos não são fatos desconhecidos de Deus. Tais incidentes, ainda que contrariem a natureza humana, estarão sob o Seu absoluto controle e ocorrerão sob a poderosa mão de Sua providência, porque o Senhor é bom, é fortaleza no dia da angústia e conhece os que Nele se refugiam (Na 1.7)[29].

Recordar é viver, recorde-se da mulher samaritana! Sem nunca tê-la visto, Jesus Cristo demonstrou conhecê-la muito bem. Ele afir-

---
[27] "Se é que já tendes a experiência de que o Senhor é bondoso".
[28] "Senhor, tu me sondas e me conheces. Sabe quando me assento e quando me levanto; de longe penetras os meus pensamentos. Esquadrinhas o meu andar e o meu deitar e conheces todos os meus caminhos. Ainda a palavra me não chegou à língua, e tu, Senhor, já a conheces toda. Tu me cercas pro trás e por diante e sobre mim pões a mão. Tal conhecimento é maravilhoso demais para mim: é sobremodo elevado, não o posso atingir".
[29] "O Senhor é bom, é fortaleza no dia da angústia e conhece os que nele se refugiam".

mou que ela já tivera cinco maridos e aquele com quem ela morava não era seu marido (Jo 4.16-18). Ele conhecia o passado e o presente daquela mulher, conhecia cada detalhe da sua vida, seu pecado, sua história (Jo 4.29). Ofereceu a ela a água da vida, que não somente limparia seu passado, seu presente, mas também a capacitaria para dali por diante testemunhar da esperança que há em Cristo Jesus. Ao sair do ponto de encontro com Jesus, aquela samaritana foi falar sobre Jesus aos homens da cidade os quais também vieram a ter com Jesus (Jo 4.30).

Deus conhece os dramas e as felicidades de cada um e determina que cada um seja alguém no meio da multidão. Ele registrou no Livro da Vida o nome dos Seus filhos, cobriu-os com o sangue derramado de Cristo e pelo Seu Espírito fez morada em cada um dos Seus filhos, por isso Ele conhece a cada um como sendo exclusivamente Dele (2 Tm 2.19). Ele sacia a sede da alma durante o transcurso dos dias que se apresentam, Ele tem a água da vida e quem Dele se dessedenta será uma fonte a jorrar para a vida eterna (Jo 4.14), incluindo o presente e o futuro.

Dito isso, é de se concluir que as piedosas mulheres que integram a SAF, que, em todas as suas lidas, desfrutam da companhia de Jesus Cristo, no decorrer dos dias, experimentarão a doçura da Sua presença, como também se prontificarão para as lutas próprias do desenvolvimento da santidade e vida sacrificial. Viver saficientissimamente é viver sacrificialmente. Viver sacrificialmente é viver aumentando a confiança em Cristo; com essa confiança aumentada, animar-se-á uns aos outros vivendo Naquele que fortalece (Fp 4.13)[30].

---

[30] "Tudo posso naquele que me fortalece".

RUTE: HISTÓRIA PARA EQUILIBRAR EMOÇÕES

Há uma história bíblica muito interessante em Gênesis 19.37. Um sujeito de nome Ló, sobrinho de Abraão, gerou a raça dos moabitas. Surge então um parentesco entre israelitas e moabitas. Esse parentesco fez com que, por um período, a convivência entre eles fosse, até certo ponto, amistosa, com relações culturais e econômicas consideradas boas, a ponto de, em certa ocasião, Deus impedir que Moisés atacasse os moabitas (Dt 2.9).

Não obstante, os moabitas foram reprovados por Deus. Eles se levantaram contra Israel (Dt 23.3-6). O rei Balaque contratou o profeta Balaão para amaldiçoar o povo de Israel (Nm 22.6). Em outro episódio, quando israelitas acamparam nas planícies de Moabe antes de atravessarem o Jordão, se envolveram de forma imoral com mulheres Moabitas e se deleitaram de sua idolatria (Nm 25). Então, apesar da intermitência relacional, foi ordenado que os moabitas fossem excluídos da congregação de Israel (Dt 23.3-6; Ne 13.1).

Contudo, nas estradas da vivência, ocorreu que, durante o período dos Juízes, houve fome na terra. Elimeleque e Noemi, israelitas, com os filhos Malom e Quiliom, migraram para Moabe. Nessa migração deu-se que os filhos se casassem com mulheres moabitas, exatamente Orfa e Rute. Tempos depois, com a morte de Elimeleque e dos dois filhos, Noemi, em evidente desamparo e sabedora de que na terra donde viera havia se restaurado a questão da fome, resolveu voltar para Belém de Judá. Rute a acompanhou, conforme emocionante descrição no livro de Rute[31]. Já no novo lugar, a moabita Rute, viúva, acabou se casando com Boaz. Esse homem se tornou ancestral do rei Davi e, consequentemente, do próprio Senhor Jesus (Rt 4.18-22; Mateus 1.5).

O livro de Rute retrata mais uma das histórias espetacularmente emocionante do Antigo Testamento sobre a graça de Deus. O texto relata como Deus graciosamente alcançou e tomou uma mulher de um povo marcado pela exclusão e a trouxe para o seio de Sua família, acolhendo-a no recôndito de Boaz, que a tomou por sua esposa e a tornou numa mulher cheia de ânimo e esperança. Rute foi uma mulher que participou do supremo propósito de Deus, que enviou Jesus Cristo a este mundo. Foi, portanto, por intermédio de uma mulher que Deus gloriosamente revelou Sua graça salvadora, como registrado em Mateus 1.5.

São notórias que as frustrações e decepções inevitáveis nesta vida nos levam a uma escuridão íntima a ponto de produzirem sensações de desistir, de esmorecimento nas ações e pensamentos, de enfraquecimento da alma com laivos de ansiedade, de sofrimento, de dor emocional, dor física. Pensamentos negativos se apossam de nossa individualidade, muitos deles a ponto de disfuncionar o sistema emocional.

Porém, um pensamento psicoterápico, que positiva a caminhabilidade e areja a via de percurso, pode ser comparado à batalha travada na mente e no coração de Rute, ao contemplar suas perdas, seus medos presentes e futuros. É certo que sua dor envaza questionamentos múltiplos, passando por sentimentos de vergonha, culpabilização, vazios enormes que imbricavam um processo de morrência *day by day*.

---

[31] "..., porém Rute se apegou a ela" (Rt 1.14)

No entanto, é refrescante observar como ela se reergue. Sua dedicação, seu labor, sua fidelidade, sua mudança nas convicções tais a de que "teu Deus é o meu Deus"[32] estampam a graça de Deus acolhendo Rute e conduzindo-a ao degrau da paz e da harmonia na alma, a despeito da provação experimentada. Deu-se com Rute exatamente o registrado nas sagradas escrituras quanto à adversidade na vida vivida do ponto de vista cristão: !produz eterno peso de glória, acima de toda comparação![33]. Do mesmo modo, o apóstolo Pedro quando prega que a graça de Deus, recebida nas provações, nos purifica e nos torna mais preciosos do que o ouro perecível[34].

Possa a graciosa história de Rute arrebatar corações para mais confiarem em Jesus Cristo, entregarem a Ele os problemas, seja de que ordem for, e assim desfrutarem da Graça de Jesus apaziguando nos dias que se vão, para melhor serem como indivíduos em casa, em famílias e na sociedade.

---

[32] Rt 1.16
[33] 1 Co 4.17.
[34] 1 Pe 1.3-8.

ROMÃS E A SAF

É muito prazeroso passear nos grandes mercados municipais das cidades de São Paulo e Curitiba. Isso pela satisfação de contatar com variedades de produtos naturais: frutos, legumes e verduras. São lindos, vistosos, cheirosos, novidadeiros para tantos.

Observe a romã. Belíssima. Frondosa por fora; espetacular por dentro. Cor deslumbrantemente lindíssima, sementes harmonicamente agregadas sustentando uma à outra, aglomeradas como cadeia de colinas, espargindo translúcida alegria ao ambiente e aos passantes admirados. Como é lindo esse ajuntamento translúcido, perfumado, vistoso e delicioso!

As romãs lembram o ideal da SAF, que é exatamente promover a unidade em torno da esperança em Cristo Jesus, espargir com graciosidade a luz do evangelho nos ambientes e aos passantes enfileirados, bem como demonstrar de forma translúcida o quanto é unida e firme no serviço cristão.

É muito curioso. A romã, segundo consta, é uma poderosa aliada da saúde já que, em suas cápsulas translúcidas, se encontram nutrientes e compostos ricos em ácidos graxos que beneficiam o sistema cardiovascular, diminuem o colesterol ruim e fortalecem as paredes internas dos vasos evitando doenças que levam a infartos. A SAF é uma poderosa aliada da saúde espiritual na vida dos salvos por Cristo Jesus e no serviço cristão. A SAF é um vistoso estandarte do evangelho a tremular pelo imenso solo brasileiro. É um ajuntamento lindo, unido, translúcido, cheiroso, novidadeiro e adulçorado que beneficia o sistema anímico das pessoas, aumentando a esperança salvadora, a crença na vida eterna, o conhecimento do supremo propósito de Deus e a importância da reunião da igreja para edificação dos santos.

Portanto, reportando-se à SAF, irmãs e romãs têm tudo a ver. Unidas, são firmes na fé e vitoriosas por Cristo Jesus. Em todos os níveis, bênçãos dos céus passem pela SAF e se esparramem em cada localidade e abençoem cada indivíduo tocado pelas mãos saficientíssimas. Siga-se, assim, nesse ideal e, ao olhar para trás, é certo que se verá o quanto Deus já fez.

SELF-PORTRAIT NO CLIQUE SAFICIENTÍSSIMO

Selfie é uma divertida maneira de se expressar. Promove-se a si mesmo ou a turma entrelaçada, mormente com a simpatia e dignidade das integrantes da SAF. Essa agradável exposição de si mesmo, ou do grupo de pessoas que se inter-compartilham e se retuitam em alongadas mídias-falas, tornou-se o ancoradouro principal no mar de smartphone. Fato inconteste: essa extraordinária e fantástica invenção tornou o dia a dia de milhares de homens e mulheres em exclusivo momento Oscar.

Os momentos da vida, só, em família, com amigos, aquela roupa nova, o corpo torneado, o botox no rosto, tudo está a inspirar e encaminhar a essa maneira de fotografar. Fazer uma selfie virou o mantra de qualquer classe social. A geração selfie autopromove-se encantada e encantando indiscriminadamente, tornando os variados segmentos de ambientes em exclusiva e individual *Metro-Goldwyn-Mayer*. Óbvio que todos têm, porque buscam, momentos de glória. É delicioso demais os momentos de glória. São inesquecíveis, perenizam-se, são refrescos para a alma, agradáveis instantes que estimulam impulsos a mover à frente, para aquilo que há de vir a ser.

Instantes de glória transformam indivíduos por instantes. Desvanecem. Nuvem passageira, como cantou Hermes Aquino. Contudo, tais instantes são, no mínimo, jatos de prazer. Basta lembrar aqueles momentos de glória para se recordar o quanto fizeram bem. Instantes como aquela apresentação na escola primária, aquela vitória na quadra esportiva, aquela alegria da torcida a enrouquecer, a barraquinha montada para vender suco na frente de casa, aprovação num concurso, formaturas etc. Lembrar-se das glórias faz bem à alma, não é pecado, faz rir. As selfies hoje retratam instantes de glória. Fazem tão bem, geram tantos graciosos comentários!

Se é assim na superfície da alma, haverá de assim ser na superfície do espírito: um *self-portrait* (autorretrato) de uma vida que glorifica a Cristo. Ele que é o resplendor da glória (Hb 1.3). Glória que não desvanece jamais, é permanente (2 Co 3.11) e acima de toda comparação (2 Co 4.17). Aos da fé pois da geração selfie, busquem aquele autorretrato que mostre um espírito de alegria e confraternização daquele que confia em Cristo, que se entregou a Cristo e que vive e comunga os afetos de Cristo. Exatamente porque aqueles que confiam em Cristo estão sendo transformados de glória em glória na própria imagem de Cristo (2 Co 3.18).

TARRAFEADORES DA ESPERANÇA

Instigante um imaginário quadro retratando aqueles momentos em que o tarrafeador lança sobre as águas sua tarrafa expectante de esperança e prazer. Para um diletante tarrafeador, pescador solitário e amador, essa imaginária projeção traz prazerosas lembranças. Romanticamente, ele se lembrará do repouso da tarrafa em seus ombros, de seus dedos ágeis acariciando os fios de nylon, da dança corporal envolvente ao lançar a tarrafa, do caleidoscópio formado pela luz do sol ou da lua nas malhas irrefreáveis da tarrafa volátil se abrindo no espaço, do repousado chuá da malha no espelho d'água, dos segundos de absoluto silêncio no fechamento dela no fundo e do lento e milimétrico recolhimento cujos gestos das mãos massageiam a alma expecta. Essa ação se repete variadas vezes no decorrer da pescaria na lida do tarrafeador, bem-sucedida ou não.

Tarrafear é um ofício. Da fabricação da tarrafa até o tarrafear, transpõem-se tempos e graus de dificuldade. Não são poucos os que desistem ou ignoram de tal aprendizado. Se, por um lado, o ofício é dificultoso, por outro, dificulta a defesa do peixe. Mordiscar anzol possibilita refluição — morder ou não, eis a questão! Agora, escapar de uma tarrafa se abrindo sobre si depende da agilidade e instinto de sobrevivência.

Pescar de tarrafa é um grave assunto para ambientalistas, mas também é um crucial assunto para evangelistas. Estes, mais do que aqueles, têm função preponderante no assunto salvação. Evangelistas propagam salvar homens e mulheres do ambiente de inferno por meio de um antigo e figurativo método: pescar. É que conhecer e participar do evangelho de Cristo nos torna concomitantemente pescador de homens e mulheres. Seguir a Jesus implica pescar numa outra dimensão (Mt 4.19): "E disse-lhes: Vinde após mim, e eu vos farei pescadores de homens". Importa, pois, que cada um da fé em Cristo muna-se da tarrafa evangelical e saia em resgate do cardume de Cristo pairante nos rios e mares sociais que por hora se serve de habitat.

Importa dizer que, desde os tempos de Jesus na terra, subsistem as redes de pescar (Lc 5.4): "Quando acabou de falar, disse a Simão: Fazei-te ao largo, e lançai as vossas redes para pescar". Pessoalizando a referência figurativa e naquilo que interessa aos defensores da fé, a rede de pescar é (1) o evangelho das sagradas escrituras, (2) a bênção do crer em Cristo Jesus, (3) a maravilha de levar outros a crerem, e (4) todos que estão sendo reunidos sob o manto de um só Senhor e Salvador, a saber Jesus Cristo, o crucificado. A fé em Cristo implica tornar-se evangelizador. Por isso, as mulheres presbiterianas, integrantes ou não da centenária SAF, saem na medida de sua criatividade, a proclamar o evangelho de Cristo nas cidades. Como diria o exímio tarrafeador nos dois sentidos, Elias Gomes de Paula[35], "lançai e relançai e trilançaia santa rede evangelizadora, ó esperancistas do Senhor".

---

[35] Paula, Elias Gomes de. Radialista, cerimonialista e ardoroso evangelista em Maringá-Pr. Integra a equipe de Rádio da Universidade Estadual de Maringá. Membro da Igreja Presbiteriana do Brasil.

UM RETALHO NUMA COLCHA DE ESPERANÇA!

Conjeturar sobre esperança é tema cotidiano na vida cristã. Papear sobre esperança melhora as horas e os dias e os ambientes, porque é imaginar que o presente pode ser alterado e corrigido, que pode ser confrontado com a finitude da vida, com o caráter irrevogável daquilo que se semeia e assim alargar o campo visual sobre os dias que virão, sobre fatos que ocorrerão os quais influenciarão o agora de cada indivíduo. O ontem promoveu as circunstâncias do hoje. O amanhã se encaminha, quase sempre, conforme a conduta do hoje. A realidade hoje, dependendo do que se tem por esperança, anima ou desanima a expectativa do dia de amanhã.

Indagar-se eventualmente: amanhã *poderá* ser um lindo dia ou amanhã *será* um lindo dia? Responder a essa pergunta dependerá de como a mente compreende o sentimento de esperança, na medida em que esperança tem tudo a ver com o amanhã, com expectativas futuras, com sonhos, com condutas hoje que repercutirão amanhã. Não se trata aqui de oscilações da autoestima, de temperamentos, mas de fé do pensamento cristão.

Responder que amanhã o dia *poderá* ser lindo exsurgirá a dúvida sobre o amanhã. A dúvida trará incerteza. Incerteza convidará o desânimo. Desânimo puxará a tristeza e, juntos, contemplarão o amanhã. Esse tripé há de afetar o humor e assim reduzir a alegria do hoje.

Responder que amanhã o dia *será* lindo demonstra segurança estrutural mental nas ações que eventualmente se cogite. Essa segurança ativa a esperança. A esperança ativada aumenta o volume da alegria, traz equilíbrio às emoções, promove paz no espírito e saúde para o corpo e assim servem a mover o bem da vida na sociedade e nos relacionamentos.

Entretanto, a segurança estrutural mental que ativa a esperança é concedida unicamente pela Pessoa que criou todas as estruturas das coisas e as conhece em detalhe, inclusive as estruturas dos indivíduos. Essa pessoa tem o poder de cobrir a vida, individual e coletivamente, com a colcha da esperança porque com ela está a única possibilidade de se dar sentido à vida. Essa pessoa é Jesus Cristo.

A garantia que Ele dá é exatamente o selo da esperança que carimba a individualidade dando a certeza de que o amanhã será um dia de segurança e de vitória. Confiar em Cristo significa abrir a porta para entrada da vida que é eterna: "Se alguém abrir a porta, entrarei em sua casa e cearei com ele, e ele, comigo (Ap 3.20).

EXTEMPORÂNEA CONCLUSÃO

Outras crônicas cristãs advirão. A vida há de proporcioná-las caso acordemos nas seguidas manhãs. Alinhado com o raciocínio de Viktor Frankl sobre o sentido da vida, "fazer da transitoriedade da vida um incentivo para realizar ações responsáveis"[36]. Realizações no sentido do bem trazem autorrealização.

Ao modo de conclusão destas linhas extemporâneas, conflagra-se *in fine* o potencial formidável das mulheres presbiterianas para a realização do sentido da vida, para servir a uma causa, construir caminhos que levam a extraordinários conhecimentos tais a conscientizar do que se pode ser e do que deveria vir a ser e o que fazer para que as subjetivas potencialidades venham a se realizar. O trabalho feminino cristão da Igreja Presbiteriana do Brasil cumpre uma missão que realiza feitos notáveis. Essas mulheres conflagram uma vastidão em potencial de serviços e realizações no sentido do bem. Então, outras crônicas cristãs advirão!

---

[36] Frankl E. Viktor. *Em Busca de Sentido*. 50. ed. 2020, São Leopoldo: Editora Sinodal; Petrópolis: Vozes. p. 161.